Liderança e comunicação na vida consagrada

COLEÇÃO
── LIDERANÇA ──
ᴱ VIDA CONSAGRADA

Autores:

GIAN FRANCO POLI é presbítero da diocese de Albano Laziale, teólogo, filósofo e psicoterapeuta. Professor de Teologia Dogmática no Ateneu Pontifício Regina Apostolorum e na Pontifícia Universidade da Santa Cruz (ISSR, em Apollinare). Leciona Teologia no Instituto de Teologia da Vida Consagrada Claretianum, da Pontifícia Universidade Lateranense. É formador para a dinâmica da vida consagrada e presbiteral. Dirige a revista *La Lode*, da Casa Editora Cassiopea (Pisa).

GIUSEPPE CREA é missionário comboniano, psicólogo e psicoterapeuta. Professor convidado na Pontifícia Universidade Salesiana para as cátedras de Psicologia da Personalidade e Técnicas dos Testes, bem como de Psicologia Transcultural no Instituto de Teologia da Vida Consagrada Claretianum, da Pontifícia Universidade Lateranense.

VINCENZO COMODO é leigo, doutor em Sociologia e em Ciências da Comunicação. Professor de Internet e Vida Consagrada no Instituto de Teologia da Vida Consagrada Claretianum, da Pontifícia Universidade Lateranense. Conduz atividades de pesquisa no campo da comunicação.

Títulos:

✓ *Estilos de liderança e vida consagrada*

✓ *Guia eficaz para reuniões de comunidades*

✓ *Liderança e bem-estar interpessoal nas comunidades religiosas*

✓ *Liderança e comunicação na vida consagrada*

✓ *O desafio da organização nas comunidades religiosas*

Liderança e comunicação na vida consagrada

Gian Franco Poli
Giuseppe Crea
Vincenzo Comodo

Paulinas

Dados Internacionais de Catalogação na Publicação (CIP)
(Câmara Brasileira do Livro, SP, Brasil)

Poli, Gian Franco
Liderança e comunicação na vida consagrada / Gian Franco
Poli, Giuseppe Crea, Vincenzo Comodo ; [tradução Jaime A.
Clasen]. — São Paulo : Paulinas, 2009. — (Coleção liderança e
vida consagrada)

Título original: Leadership e comunicazione nella vita
consacrata.
Bibliografia.
ISBN 978-85-356-2378-9
ISBN 88-8075-188-3 (ed. original)

1. Comunicação - Aspectos religiosos   2. Comunidades
religiosas   3. Liderança - Aspectos religiosos   4. Liderança
comunitária 5. Liderança cristã I. Crea, Giuseppe. II. Comodo,
Vincenzo. III. Título. IV. Série.

08-11003   CDD-248.894

Índices para catálogo sistemático:

1. Comunidades religiosas : Liderança e comunicação : Cristianismo   248.894
2. Liderança e comunicação : Comunidades religiosas : Cristianismo   248.894

Título original da obra: *Leadership e comunicazione nella vita consacrata*
© 2003 Libreria Editrice Rogate, Roma.

Este livro segue a nova ortografia da Língua Portuguesa

Direção-geral: *Flávia Reginatto*
Editora responsável: *Vera Ivanise Bombonatto*
Tradução: *Jaime A. Clasen*
Copidesque: *Cirano Dias Pelin*
Coordenação de revisão: *Marina Mendonça*
Revisão: *Ana Cecilia Mari*
Direção de arte: *Irma Cipriani*
Gerente de produção: *Felício Calegaro Neto*
Editoração eletrônica: *Manuel Rebelato Miramontes*
Foto de capa: *Sergia Ballini*

Nenhuma parte desta obra poderá ser reproduzida ou transmitida
por qualquer forma e/ou quaisquer meios (eletrônico ou mecânico,
incluindo fotocópia e gravação) ou arquivada em qualquer sistema ou
banco de dados sem permissão escrita da Editora. Direitos reservados.

Paulinas

Rua Pedro de Toledo, 164
04039-000 – São Paulo – SP (Brasil)
Tel.: (11) 2125-3549 – Fax: (11) 2125-3548
http://www.paulinas.org.br – editora@paulinas.com.br
Telemarketing e SAC: 0800-7010081

© Pia Sociedade Filhas de São Paulo – São Paulo, 2009

Sumário

INTRODUÇÃO...9

1
AS TRÊS COORDENADAS DA COMUNICAÇÃO:
REVELAÇÃO, ALIANÇA E PROFECIA

Gian Franco Poli

Da *palavra* à *comunicação* 14

Recuperar a função da palavra...............................17

Qualificar a comunicação....................................22

As colunas da comunicação bíblica........................35

A comunicação *divina* 36

A comunicação *escrita*.....................................41

A comunicação da *Palavra de Deus* 45

Cristo, o tipo do comunicador..............................47

Recuperar a experiência comunicativa de Cristo 50

Escolher Cristo como *código* e *decodificador* para uma
comunicação-comunhão 59

Aplicar a pedagogia comunicativa de Jesus 64

Conclusão...70

2

O SUPERIOR, COMUNICADOR EFICAZ

Giuseppe Crea

Para uma relação positiva entre palavra e vida......................74

Para uma comunicação que envolve 76

A palavra como lugar de encontro para construir relações
sadias...77

Comunicar para "dizer" algo significativo 79

Construir uma plataforma de compreensão recíproca........... 80

Para uma escuta propositiva.............................. 84

Barreiras e potencialidades na comunicação...................... 85

Obstáculos na percepção dialógica........................... 86

Prestar uma atenção propositiva à pessoa que se comunica..... 89

As dificuldades de uma escuta sincera e autêntica 93

Competências comunicativas na liderança........................... 99

O processo da comunicação 99

O superior como facilitador do fluxo das informações......... 102

Fornecer suporte.................................... 109

Reforçar 110

Manifestar calor e empatia.................................. 112

Autorrevelar-se 113

Alguns destaques conclusivos para o superior
comunicador eficaz 114

Percepção "interior" do que se tem a dizer......................114

A comunicação como processo de formação contínua...........116

3
COMUNICAR A MUDANÇA, COMUNICAR NA MUDANÇA

Vincenzo Comodo

Saber "ler" o Novo para "comunicar" a mudança 122
Liderança e comunicação 127
Por que um líder deve comunicar-se 131
Que é que um líder deve comunicar........................ 133
Para uma comunicação eficaz da liderança............. 136
Saber escutar 137
Comunicar eficazmente 139
Conclusão... 144

4
MUDANÇA ON-LINE

Vincenzo Comodo

Internet: uma definição de... partida........................148
Estar e ser na Rede.. 152
Aplicações 154
Rumo a um horizonte laical 155
Na perspectiva comunicativa e carismática da família
religiosa 158
O carisma no conflito intercultural no mundo digital........ 160

BIBLIOGRAFIA...165

Introdução

A base da liderança é a comunicação. Não há dúvida. Sobre ela se apoiam todas as outras dimensões desse *modus* de ser líder. É inimaginável exercer as atividades relacionadas de motivar, influenciar e envolver uma equipe sem comunicar. Não é possível conduzir uma organização, dentro dos princípios da unidade e da participação, renunciando à prática comunicativa "ampliada". Ao se remover este elemento central para a estrutura da liderança, todo o sentido dessa construção conceitual desabaria.

Admitir isso pareceria uma homenagem ao óbvio, uma homenagem a um lugar-comum aparente. No fundo, porém, trata-se de uma evidenciação ditada por uma exigência basilar e indispensável para dirigir eficazmente uma organização no dia-a-dia; num tempo em que as lógicas da competitividade e da concorrência são revalorizadas em nome da globalização; tempo em que as razões de viver predominam claramente sobre as da sobrevivência; tempo em que se impõe uma teologia da "expressão" mediática (a existência está sempre mais ligada ao parecer, ao haver, à circulação nos grandes circuitos da comunicação), sobretudo para as organizações.

Destacadas essas tendências culturais, não é difícil perceber quão determinante é o fator comunicação em plena ultramodernidade. Não só para o exterior, mas também para o interior de uma organização; para promover a *missão*, no primeiro caso; para exaltar a força do coletivo, no segundo. Entre as duas condições — vitais! — a última tem um peso — estratégico! — maior. O porquê está essencialmente identificado na necessidade de incrementar os valores de coesão e de pertença, sem os quais seria difícil enfrentar as competições interculturais.

Um líder, portanto, não pode deixar de voltar suas atenções para semelhantes motivações. Por isso é absolutamente oportuno que cumpra o seu dever de guia comunicando a mudança socioantropológica em curso — na qual a mesma comunicação interpreta um papel de protagonista, a seguir ao advento e à difusão dos *new media*. Não só, porém. É igualmente fundamental comunicar incisivamente a própria liderança. No decorrer destas páginas, os dois temas serão desenvolvidos.

Tendo como destinatários os líderes religiosos, as questões *in fabula* serão tratadas em relação com a realidade da vida consagrada. Superiores e superioras constituem, portanto, o alvo desta contribuição formativa.

Por tal razão se fará, *in primis*, uma visão panorâmica do conceito de comunicação. Realizar-se-ão, *in secundis*, abordagens aproximativas das diversas problemáticas que podem aflorar num processo comunicativo, visando à observação na especificidade do contexto comunitário. Finalmente, em primeiro plano será posta uma série de indicações e sugestões para melhor produzir uma comunicação exitosa, propedêutica para o exercício de uma liderança eficaz.

Olhando o assunto de maneira reflexiva, numa ótica pluridisciplinar — teológica, psicológica e sociocomunicativa — aparece o quanto ele é complexo — para engano de uma simplicidade ilusória e uma avaliação instintiva, estimável nos termos de uma evidência tão clara que desaprova os excessivos cuidados analíticos. Uma complexidade que está fortemente ligada ou, melhor, interligada com a complexificação das sociedades, com os movimentos e as dinâmicas da cultura global. Uma complexidade que ressoa em cada âmbito. Também no organizativo. E neste, também nas organizações da vida consagrada.

Nas quatro seções deste volume, ao passar do nível teórico para a fase prática, são apresentados exemplos eloquentes do valor determinante da comunicação na condução das congregações e dos institutos religiosos. Na seção inicial — *As três coordenadas da comunicação: revelação, aliança e profecia* —, Gian Franco Poli exalta a comunhão como referência para facilitar a vocação comunicativa, indicando a experiência de Cristo, o comunicador perfeito, como paradigma absoluto da comunicação. Na segunda — *O superior, comunicador eficaz* —, Giuseppe Crea, por sua vez, ao tratar das barreiras e das potencialidades da comunicação na vida comunitária, apresenta o superior como aquele que escuta de modo ativo.

Na terceira — *Comunicar a mudança, comunicar na mudança* — e na final — *Mud@nça on-line* — Vincenzo Comodo focaliza, respectivamente, a ligação entre liderança e comunicação — fornecendo as oportunas coordenadas motivacionais e objetivas — e traça novas perspectivas comunicativas da organização religiosa no plano do universo digital — depois de haver "relatado" a revolução cultural *in itinere*, comandada pelas novas tecnologias mediáticas.

Com base nesta simples introdução se deduz, de modo visível, como é totalmente diferente de elementar o assunto *comunicação*, como também se deduz, com facilidade, como é mais que legítima, mais que necessária e mais que justa uma devida consideração da matéria por parte dos guias religiosos: para ser sempre mais comunicadores, para ser sempre mais líderes.

1
As três coordenadas da comunicação: revelação, aliança e profecia

Gian Franco Poli

"**D**ar testemunho de Cristo com a vida, com as obras e com as palavras, é missão peculiar da vida consagrada na Igreja e no mundo",[1] é uma afirmação que, considerada muitas vezes pacífica, fundamenta o seguimento de Cristo na disponibilidade de juntar "obras e palavras", a fim de que a vida consagrada saia da avaliação quase exclusivamente funcional para revelar a sua especificidade apostólica e comunicativa.

Na vida consagrada, é urgente redescobrir a *comunicação* como caminho preferencial para o serviço de evangelização e de animação comunitária. É urgente que a comunidade se reaproprie da *comunicação*, para elevar o nível da vida fraterna, para planejar as iniciativas apostólicas, para ler corretamente os numerosos "sinais dos tempos", para encontrar a coragem de responder às transformações internas e externas, para dar uma

---

[1] JOÃO PAULO II. Exortação apostólica pós-sinodal *Vita consecrata*. São Paulo: Paulinas, 1996. n. 109 (Coleção Voz do Papa, n. 147).

nova ordem às relações com o mundo leigo,[2] para delinear uma liderança que melhore a gestão das comunidades.

Ao desenvolver estas reflexões, far-se-á referência também à Escritura e à teologia da comunicação, sobretudo com vistas a recuperar a *palavra* como meio comunicativo essencial, mas não único. Serão fornecidos alguns indicadores de referência para libertar a *palavra* do seu silêncio institucional, para dar-lhe o seu valor real, para respeitá-la em cada consagrado em particular, para reconhecer que todo indivíduo tem uma *palavra* determinante a oferecer na economia da salvação.

Para completar este discurso sobre a *função* da palavra e os *obstáculos-limite* aos quais está sujeita, estudaremos a comunicação *divina* e *escrita* para delinear, assim, a contribuição da *Palavra de Deus* como lugar primário de comunicação. Concluiremos apresentando o *agir comunicativo de Jesus Cristo*, convencidos de que não só foi um "comunicador perfeito", mas também tem muito a ensinar aos comunicadores do nosso tempo, como modelo para uma *liderança* da comunicação dentro da existência consagrada.

Da *palavra* à *comunicação*

A *palavra* é um grande bem, o meio comunicativo por excelência, o caminho para entrelaçar e entreter referências, relações. Ao mesmo tempo, porém, pode ser a causa de sofrimentos, incompreensões e lutas. A palavra pode tanto curar como ferir, tanto aliviar como mortificar. De qualquer modo, é essencial para uma vida verdadeiramente humana: "Pode-se passar sem muitas coisas, mas não sem alguém com quem falar. É uma necessidade

---

[2] Cf. ibid. n. 31. É útil o estudo de G. F. Poli, *Osare la svolta. Religiosi e laici insieme per il Regno di Dio*, Milano, Àncora, 2000.

que tem raízes na esfera espiritual, portanto a mais profunda, que está em cada um de nós".[3]

A consciência de ter de dar à *palavra* um valor *comunicativo* nasce no momento em que o indivíduo tenta superar o aspecto meramente funcional e convencional, para alcançar o destinatário, para fazer chegar algo mais do que a simples informação, para oferecer, de certo modo, a si mesmo. Comunicar-se é *tornar comum*, não se "torna comum" só uma ideia, um pensamento, uma informação; quem fala a um outro não se comporta como um emissor neutro, mas como um sujeito que coloca a sua cor em cada coisa que comunica.

Na vida consagrada, a propósito da "palavra" e da "comunicação", a situação, certamente, não é cor-de-rosa. As dificuldades atuais são uma herança deixada por uma formação que levava a limitar ao máximo a comunicação interpessoal. Era uma orientação que os formadores davam, explicando aos noviços e às noviças que, ao entrarem num convento, era preciso deixar o mundo do lado de fora e, consequentemente, as palavras, que representavam a expressão máxima do mundo. Os noviços eram proibidos de falar com os professos ou professas da família religiosa, entre os membros era proibido estabelecer relações demasiado amigáveis ou comunicativas: estava em jogo a virtude da castidade; as palavras eram consideradas inimigas do recolhimento interior.

A observância estrita da obrigação de relações indiferenciadas e a desestima da amizade pessoal nas comunidades religiosas fizeram com que algumas pessoas consagradas se tornassem absolutamente incapazes de relações autênticas. Certamente, são gentis com todos, mas não conseguem aproximar-se pessoalmente de ninguém. Este

---

[3] COLOMBERO, G. La comunicazione, dimensione dell'essere umano. In: VV. AA. *Comunicazione e vita consacrata*. Roma: Centro Studi USMI, 1996. p. 13.

empobrecimento da relacionalidade se manifesta em alguns através de um comportamento afável, que, à primeira vista, é agradável. São capazes de entreter prazerosamente um grande número de pessoas, mas se fecham imediatamente assim que alguém exprime o desejo de um encontro pessoal. Outros contam a alguém os seus problemas, mas permanecem na superfície, com todos os seus discursos, se têm dentro deles o que os oprime.

Sobretudo aqueles religiosos e religiosas que, por causa de sua atividade — por exemplo: nos hospitais, com os idosos ou em campo educativo —, se dedicam sempre aos outros, correm o perigo de viver o nível da relação unilateral de cura e ajuda em vez de relações realmente dialógicas. Desaprenderam mais ou menos a pôr-se pessoalmente em relação e a usufruir de relações dialógicas autênticas. Estão, portanto, sempre à disposição dos outros, mas eles mesmos permanecem apenas no fundo. E antes ou depois se sentem sós, vazios e explorados. A capacidade de travar verdadeiras amizades é um sinal de maturidade humana e espiritual.[4]

É verdade, todavia, que as novas gerações são mais comunicativas, extrovertidas. Em alguns casos, são incapazes de conter as palavras. Um dado positivo é a imediatez, a liberdade, mesmo se, às vezes, tais vivacidades estiverem deslocadas. As novas gerações, ademais, crescidas em ambientes mais comunicativos, estão menos dispostas a delegar aos superiores o direito da palavra e da decisão das várias iniciativas. E não só entre os jovens, mas também entre os idosos, que são pessoas vivas, extrovertidas, fora do ambiente comunitário, consideradas exemplo da comunicação, e, no interior da comunidade, ao contrário, são silenciosas, taciturnas e fechadas.

---

[4]   GRÜN, A.; SARTORIUS, G. *A onore del cielo come segno per la terra, la maturità umana nella vita religiosa*. Brescia: Queriniana, 1999. p. 102.

As TRÊS COORDENADAS DA COMUNICAÇÃO: REVELAÇÃO, ALIANÇA E PROFECIA

Ora, a animação da comunidade não pode subestimar a incidência da formação inicial e da história geracional, mas ao mesmo tempo não deve ceder à tentação da resignação. O caminho é um só: favorecer o processo relacional dentro da comunidade, valorizando a palavra e criando as condições para uma comunicação real.

Recuperar a função da palavra

Na Escritura, a *palavra* não tem apenas o significado de "comunicação" do pensamento, mas também de "intervenção".[5] A palavra é sempre o limiar de entrada no universo humano.[6] E *falar* é, de algum modo, *chamar à existência*, tirar do nada, dar um nome às coisas:

> Então o Senhor Deus formou da terra todos os animais selvagens e todas as aves do céu, e apresentou-os ao homem para ver como os chamaria; cada ser vivo teria o nome que o homem lhe desse. E o homem deu nome a todos os animais domésticos, a todas as aves do céu e a todos os animais selvagens, mas não encontrou uma auxiliar que lhe correspondesse (Gn 2,19-20).

Ainda que sucessiva à criação, a imposição do nome é um "ato da atividade ordenadora com a qual o homem se torna es-

---

5 O modelo de referência é a "Palavra de Deus", a qual é mais do que uma comunicação intelectual; é uma "intervenção", um evento, um fato, uma ação de Deus. Se, por um lado, comunica um conhecimento, uma sabedoria, por outro lado, é uma força viva, uma energia dinâmica que o desígnio divino de salvação atua no ser humano e na história. Assim, a "Palavra de Deus" é "criadora". Deus com a sua Palavra cria o mundo e faz surgir do nada os seres e as coisas. Mas é também uma "Palavra ordenadora dos tempos e da história". É este o significado da "palavra profética". Ela produz sempre o que "anuncia".

6 É fundamental o enfoque de B. Corsari, verbete "Parola", in P. Rossano; G. Ravasi; A. Girlanda, *Nuovo dizionario di teologia biblica*, Cinisello Balsamo (MI), Edizioni Paoline, 1988, pp. 1097-1114.

piritualmente dono das criaturas ao objetivá-las diante de si".[7] Portanto, mediante a palavra, o homem penetra na confusão do mundo e com ela gere a sua inclinação interior a conhecer, interpretar, aprofundar, organizar e destinar. Se, porém, por um lado, *falar* é inserir-se em esquemas linguísticos preexistentes, assimilá-los, torná-los sua própria nacionalidade, se se quer ser legitimado a existir; por outro lado as palavras correm o risco de perder o seu valor comunicativo se não se está atento para impedir a sua banalização na "tagarelice" superficial e repetitiva.

A palavra é o utensílio mais antigo que o ser humano fabricou para si, movido pela necessidade de entender, de fazer-se entender, comunicar aos outros aquilo que compreendeu, isto é, de sair do seu individualismo solipsístico e do seu ocultamento, e *ex-por-se* e *pro-por-se* aos seus semelhantes. A palavra funda o universo das relações inter-humanas e veicula o *colocar em comum* das ideias e das emoções, lançando, assim, as bases da vida social, da cultura e da ciência.[8]

Este é o *mistério* do ser humano, nunca totalmente esgotável e dizível. Ele precisa da disciplina da palavra para compreender-se e exprimir-se, mesmo permanecendo necessária a convicção de que a palavra nunca esgota tudo o que quer exprimir, que "não existe uma *última palavra* na afirmação pessoal, aquém do momento último da própria existência".[9]

Também na vida consagrada, a *palavra* permite que o indivíduo se insira no mundo das relações humanas e sociais, permite-lhe a *comunicação* com os outros membros da própria

---

[7] CORSARI, B. Verbete "Parola", op. cit.

[8] COLOMBERO, G. *La comunicazione...*, cit., p. 13.

[9] GUSDORF, G. *Filosofia del linguaggio*. Roma: Città Nuova, 1970. pp. 46-49. É claro que, para um cristão, esta "última palavra" é, na realidade, apenas a "penúltima", porque a Palavra definitiva cabe somente a Deus e ao seu projeto metafísico sobre o ser humano.

comunidade. Tal operação nem sempre é fácil; a falsificação da palavra não acontece apenas quando a palavra se torna "mentira", mas também — e é o perigo mais grave — quando ela não coincide mais com o valor e se torna "rótulo".

Para remediar tais inconvenientes, para ter linhas que guiem as comunidades religiosas para encontrar pontos em comum sobre a *palavra*, a fim de favorecer a obtenção da meta da *comunicação*, recuperemos as três funções da palavra.

A linguagem humana se manifesta normalmente como *informação*, *expressão* e *apelo*. Essas três funções não se encontram na realidade da linguagem em estado puro, sempre e exatamente distintas uma da outra. O mais das vezes, elas funcionam entrelaçadas, reciprocamente condicionadas. O que podemos fazer, diante de uma unidade de linguagem, é distinguir o seu caráter de *símbolo* (informação, representação), de *sintoma* (expressão da interioridade) e de *sinal* (apelo a um outro).

Saber distinguir e captar as três funções da palavra, na sua especificidade, torna-se determinante para entrar numa visão de liderança da palavra, na escola da Palavra de Deus, como superação da pura "informação" para ser "revelação" plena. Igualmente, conseguir fundir harmoniosamente as três funções da palavra nas relações comunitárias equivale a educar os religiosos e as religiosas para se apropriarem da potencialidade das *palavras* e, por conseguinte, elevar a qualidade da *comunicação*, interna e externa.

Informar

Por *informar* se entende comumente a transmissão de dados, elementos, notícias e similares. É a atividade na qual a palavra exige o envolvimento mínimo da pessoa. Poder-se-ia dizer que a informação tem uma função puramente utilitarista, enquanto a atenção não está concentrada nem no emissor nem no receptor, mas nos dados externos.

Na vida das comunidades religiosas, pode acontecer que as relações verbais estejam estritamente limitadas à função informativa da linguagem. Isso, sobretudo, quando não se foi acostumado nem ajudado a criar uma relação comunicativa. Limitamo-nos a notificar friamente uma iniciativa, a transmitir uma ordem dos superiores, a dizer que está disponível para uma atividade a desempenhar, quase "ignorando" o interlocutor. Nesses casos, parece extremamente difícil destacar que a palavra, além de desempenhar a função de informar, pode ter outros valores, os quais levam a superar o aspecto formal para iniciar a revelação da intenção de uma transmissão que vai além do objeto a comunicar.

Exprimir

O verdadeiro universo do indivíduo, aquele no qual viver como pessoa não é tanto o "espacial-temporal" das coisas e dos acontecimentos quanto o espiritual de sua *interpretação* e *expressão.*[10]

O ser humano revela verdadeiramente a si mesmo quando participa a outros a sua *significatio* do real, o cosmo dos significados que atribui à realidade, e a *intentio*, os fins que prefixa ao domesticá-la e utilizá-la.

Confiar à palavra a *expressividade* própria equivale a atribuir aos outros membros da própria comunidade o núcleo portador do próprio pensamento. Frequentemente, o medo de *exprimir-se* ou de *exprimir* claramente o que se tem dentro é devido a uma

---

[10] Cf. COLOMBERO, G. *La comunicazione...*, cit., pp. 14ss.

série de experiências negativas, de sofrimentos, de ilusões amargamente pagas.

Uma palavra dita no momento errado, quando se está vivendo um período difícil, pode ser recebida no exterior de modo errado e levar quem escuta a fazer deduções catastróficas ou a rotular a pessoa para sempre. A razão por que muitos membros de uma comunidade preferem não exprimir os seus pensamentos, portanto, de não se servir da palavra como via comunicativa, se deve ao temor de ser traído nas suas intenções íntimas.

Antes de ser pronunciada, a palavra seria interiorizada, consumida no silêncio da mente e da consciência. Quando sai, ela alcança o destinatário, um *tu* que terá uma certa razão, a qual é sempre imprevisível. E é também a palavra *esperada pelos outros*, aquela que diz assentimento e consentimento ao encontro e o traduz em diálogo.

Ninguém ignora o sentido de frustração que sente um membro da comunidade quando ninguém lhe *dirige a palavra*, ou quando as suas *palavras caem no vazio*, como se costuma dizer. É uma sensação de insignificância e, no limite, de não-existência.[11]

Comunicar-se com outra pessoa é sempre fazer chegar uma palavra que contém, de qualquer forma, uma mensagem, fruto da própria interioridade.

Interpelar

A palavra humana, por sua natureza, busca o outro, porque o ser humano é sempre *relação*. Pensemos no Adão bíblico, o qual dá um nome aos animais, mas não fala aos animais. No projeto do Criador, o ser humano foi criado para *estar com*, o ser humano busca um *tu* que seja semelhante a ele. A propósito

---

[11] Id., ibid., p. 15.

disso, o Senhor Deus disse: "Não é bom que o homem esteja só. Vou fazer-lhe uma auxiliar que lhe corresponda" (Gn 2,18), isto é, um *tu* capaz de compreender e de reagir, de responder: é então que a palavra se torna plenamente significativa, porque não é recebida passivamente, armazenada como uma "coisa", mas se torna estímulo, provocação, e induz aquele que escuta a confrontar-se ativamente com tudo o que lhe foi transmitido.

Quem tem perto uma pessoa que permite que exponha os próprios pensamentos e o estado anímico, tem a sorte de ter alguém que recebeu o *seu apelo*, que o ajuda a perceber-se como indivíduo significativo, portador de um mundo interior digno de ser expresso. Tudo isso significa sentir-se alguém para alguém.

Numa comunidade, os *apelos* não têm número, pois a palavra é o *traço de união* por excelência entre o *eu* e o *tu*. A vida fraterna em comunidade pode facilitar enormemente a troca: cada um é continuamente interpelado pela palavra dos irmãos e, por sua vez, se torna sujeito interpelante para eles. É importante não nos limitarmos a uma recepção puramente passiva da palavra que nos é dirigida.

Qualificar a comunicação

Depois de ter visto as principais funções da *palavra*, apresentamos, em primeiro lugar, os perigos que os religiosos e as religiosas podem encontrar no âmbito da comunicação. Os inimigos da palavra e da comunicação são a *corrupção da linguagem*, o *equívoco* ou a *ambiguidade*, além da *surdez* e a urgência de *silêncio*; e tudo para redescobrir, no interior da comunidade, o valor da *palavra* como *comunicação*.

Nem sempre se tem o conhecimento de que "sem comunicação não seria possível a vida"[12] de nenhum gênero, nem vegetal, nem animal, nem sociocultural. Viver é comunicar:

Na renovação destes anos, a comunicação aparece como um dos fatores humanos que adquirem crescente importância para a vida da comunidade religiosa. A mais sentida exigência de incentivar a vida fraterna de uma comunidade traz consigo a correspondente demanda de uma mais ampla e mais intensa comunicação. Para tornar-se irmãos e irmãs, é necessário conhecer-se. Para conhecer-se, é imprescindível comunicar-se de forma mais ampla e profunda. Dá-se, hoje, maior atenção aos vários aspectos da comunicação, ainda que em medida e em forma diversa nos vários institutos e nas várias regiões do mundo.[13]

Nesses anos foram dados muitos passos pelos membros das famílias religiosas. Antes de tudo, veio formando-se uma clara consciência do problema. Percebeu-se quanto a falta de comunicação empobrece a vida em geral e a vida consagrada em particular, e nasceu a urgência de buscar instrumentos adaptados para instaurar uma comunicação mais intensa entre os membros das comunidades.[14] A propósito disso, o modelo supremo para os consagrados é a *comunhão trinitária*: as pessoas divinas se comunicam, embora permaneçam distintas uma da outra: "A confissão de fé trinitária, reconhecendo Deus como dom

---

[12] Ibid., p. 11. É forte a reflexão do cardeal Martini a respeito: "O ser humano foi feito para comunicar e para amar; Deus o fez assim. Daqui se explica também a imensa nostalgia que cada um de nós tem de poder comunicar a fundo e autenticamente. Não há nenhuma pessoa humana que fuja desse desejo íntimo. Ele penetra em todas as nossas realizações" (*Effatà*, carta pastoral, Milano, 1990, n. 23).

[13] *A vida fraterna em comunidade*. 3. ed. São Paulo: Paulinas, 1994. n. 29.

[14] Para uma análise precisa dos danos provocados pela falta de comunicação dentro das comunidades, ver o documento *A vida fraterna em comunidade*, cit., n. 32.

recíproco, não anula as diferenças: a comunicação pressupõe a distinção".[15]

Pode-se, então, falar de uma verdadeira e própria *espiritualidade da comunhão*,[16] que significa, fundamentalmente, fazer brilhar, na própria comunidade, a luz infinita da comunhão trinitária. Concretamente, significa

partilhar as alegrias e os sofrimentos dos irmãos, intuir os seus anseios e dar remédio às suas necessidades, oferecer-lhes uma verdadeira e profunda amizade. Espiritualidade de comunhão é, ainda, a capacidade de ver, antes de mais nada, o que há de positivo

---

[15] *Instrumentum laboris para o IX Sínodo*, n. 57.

[16] Uma página extremamente determinante para o nosso tema é aquela de *Partir de Cristo* (São Paulo: Paulinas, 2002. pp. 64-66 [Coleção Documentos da Igreja]): "Mas o que é espiritualidade de comunhão? João Paulo II, com palavras incisivas, capazes de renovar relações e projetos, ensina: 'Espiritualidade da comunhão significa em primeiro lugar ter o olhar do coração voltado para o mistério da Trindade, que habita em nós e cuja luz há de ser percebida também no rosto dos irmãos que estão ao nosso redor'. E ainda: 'Espiritualidade da comunhão significa também a capacidade de sentir o irmão de fé na unidade profunda do Corpo místico, isto é, como *um que faz parte de mim...*'. Deste princípio derivam, com estrita lógica, algumas consequências aplicáveis ao modo de sentir e de agir: [...] Sem esta caminhada espiritual, pouco servirão os instrumentos exteriores da comunhão. A espiritualidade da comunhão se defronta com o clima espiritual da Igreja, no início do terceiro milênio, missão ativa e exemplar da vida consagrada em todos os níveis. É a via régia de um futuro de vida e testemunho. A santidade e a missão passam pela comunidade porque Cristo se faz presente nela e através dela. O irmão e a irmã fazem-se sacramento de Cristo e do encontro com Deus, a possibilidade concreta e, mais ainda, a necessidade impreterível para poder viver o mandamento do amor recíproco e, portanto, a comunhão trinitária. Nestes anos, as comunidades e os vários tipos de fraternidade de consagrados vêm sendo sempre mais entendidos como lugares de comunhão, onde as relações aparecem menos formais e em que a acolhida e a compreensão mútua são facilitadas. Descobre-se também o valor divino e humano do estar juntos gratuitamente, como discípulos e discípulas ao redor do Cristo Mestre, em amizade, partilhando até mesmo os momentos de divertimento e de lazer" (n. 29).

no outro, para acolhê-lo e valorizá-lo como dom de Deus; é saber criar espaço para o irmão, levando os fardos uns dos outros.[17]

Para facilitar a comunhão dentro das comunidades, também têm notável importância a organização concreta da vida da comunidade, os horários, a distribuição das ocupações e similares, porém,

> antes de ser construção humana, a comunidade religiosa é um dom do Espírito. De fato, é do amor de Deus difundido nos corações por meio do Espírito que a comunidade religiosa se origina e por ele se constrói como uma verdadeira família reunida no nome do Senhor. Não se pode compreender a comunidade religiosa sem partir do fato de ela ser dom do Alto, de seu mistério e de seu radicar-se no coração mesmo da Trindade santa e santificante, que a quer como parte do mistério da Igreja, para a vida do mundo.[18]

Vejamos, agora, em particular, alguns obstáculos que surgem numa vida de comunhão.

A corrupção da linguagem

Não há nada que possua, ao mesmo tempo, a leveza e o poder das palavras, porque nada possui, ao mesmo tempo, a imponderabilidade e a imensidade do espírito. Uma palavra pode mudar uma vida, para o bem ou para o mal. Há uma palavra que constrói e uma que destrói; uma que difunde luz e calor e infunde vida, e outra que transmite frieza. Há uma palavra pela qual tudo começa ou recomeça, outra pela qual tudo termina e deixa atrás de si o silêncio.[19]

---

[17] *Partir de Cristo*, cit., n. 29. Este número é um verdadeiro tratado em miniatura da espiritualidade da comunhão.

[18] *A vida fraterna em comunidade*, cit., n. 8.

[19] COLOMBERO, G. *La comunicazione...*, cit. p. 18.

Que valor tem uma palavra? Valor intencional! Se uma pessoa é honesta, não instrumentaliza a palavra. Mas a realidade não é sempre assim. Muitas vezes se adota a tipologia "babélica" (cf. Gn 11), quando as linguagens não têm mais transparência, não são mais vidros que deixam passar a luz. Diz-se uma coisa, pensa-se outra. Aceitamos as palavras dos outros quando convém. Hoje, dá-se um valor à palavra; amanhã, outro. A uma pessoa comunico esta sensação; a outra, uma totalmente diferente.

A corrupção da linguagem não é uma questão de estética ou de vocabulário, e sim um problema moral. O valor da palavra é sagrado, e ninguém tem o direito de modificá-lo, adaptá-lo às próprias finalidades, trocando as cartas na mesa. Na vida de um grupo existe o perigo de adaptar as palavras de acordo com as pessoas; o critério pode ser a simpatia ou a antipatia, a conveniência ou a hostilidade. O ouvinte tem uma responsabilidade precisa, seja em dar o justo valor à informação, seja em não se deixar condicionar. A avaliação de uma pessoa não pode depender do que é afirmado pelos outros, pois frequentemente é o ciúme que dirige tudo, ou pelos "lugares-comuns". Um indivíduo tem direito de ser avaliado pelos fatos e não pelas palavras dos outros.

O processo formativo de uma comunidade, a ação de guia de um animador e de uma animadora passam por "dentro" dos percursos que ajudam a purificar a linguagem, a comunicação. Passam através dos itinerários que fazem a linguagem renascer como um novo Pentecostes, em que cada pessoa readquire o prazer da palavra, a vontade de fazer circular uma palavra reveladora do ser.

O equívoco ou a ambiguidade

O segundo nó negativo é o que poderemos chamar — afirma Ravasi — a *ambiguidade* da comunicação, o *equívoco* da comunicação. Quando uma pessoa se comunica, pressupõe-se que faça a *atenção* preceder a saída da palavra. A atenção é sempre um fato intencional; é vigilância, presença de si para si e para o que se pronuncia.

Nesta altura, é oportuno distinguir entre o *dizer* e o *falar*. *Dizer* é vontade de encontro e de transmissão de significados ou de mensagens para si e para outros. *Falar* é sinônimo de tagarelar, balbuciar, charlar, parolar... termos que indicam atos nos quais a interioridade está ausente.[20]

Dizer é um ato de ressonância espiritual, não nasce nos lábios, mas no profundo, onde estão as raízes e a substância do eu. É um ato impregnado da competência e do eco interior próprios de alguém. Por isso *dizer* é um ato eminentemente pessoal. Não há duas pessoas que *dizem* do mesmo modo porque não há duas pessoas que tenham a mesma interioridade.

O *equívoco* ou a *ambiguidade* surge quando o indivíduo não se coloca acima da realidade física e da realidade dos fatos, quando não lembra que a palavra sempre tem necessidade de ser purificada no reino espiritual da avaliação e dos símbolos. A linguagem nasce da compenetração entre espírito e realidade.

Nem sempre é verdadeiro aquilo que *eu* penso, que *eu* vejo. Há sempre a necessidade de entrar *dentro* do outro, conjugando "espírito e matéria". A experiência ensina que nem sempre as pessoas conseguem externar o *próprio* delas mesmas, fazer com que circule na perspectiva certa. Muitos fatores concorrem para determinar a história de uma pessoa, e nem sempre se está em

---

[20] Id., ibid. p. 16.

condições de fazer uma avaliação exaustiva, com o perigo de equivocar e de comprometer a existência.

A solução não é não *dizer*, por causa de poucas informações ou por medo de errar ou de afligir o indivíduo; é oportuno *dizer* quanto é perceptível, visível, superando a emotividade do momento, o período particular da vida. Não se pode examinar ao microscópio todas as palavras, não se pode ler uma palavra ouvida ou escrita numa situação de sofrimento ou de estresse como uma palavra definitiva. A palavra deve ser acolhida, avaliada, compreendida e nunca instrumentalizada.

Do mesmo modo, é preciso estar atento com as pessoas que amam o *equívoco* ou a *ambiguidade*; são os nossos pobres, são os indivíduos que revelam a incapacidade de expor as suas ideias, de fazer o seu pensamento circular serenamente, que têm necessidade do apoio dos mais fortes para viver. Esses indivíduos usam as ideias e as pessoas como mercadoria de troca, como moeda para pagar a sua incapacidade de ser eles mesmos, de apresentar-se na verdadeira luz. Também Jesus teve palavras duras para os fariseus no Evangelho (cf. Mt 23,4).

O *equívoco* ou a *ambiguidade* também pode favorecer a precariedade e a variabilidade da palavra, com o risco de tornar-se apenas aparentemente fiel. Nesses casos é a celebração do máximo do equívoco: temos a aparência da fidelidade material; na realidade, temos o máximo da infidelidade. Por exemplo, quando, na comunidade, há um duplo regime de vida: o *formal*, em que oração, refeições, reuniões, atividades e relações com o externo funcionam apenas para "salvar a fachada"; o *existencial*, no qual os membros estão divididos em subgrupos, em que vale a lei do "mais forte" ou a regra do "ninguém perturbe o outro", ou se está ligado pela forma de protecionismo de tipo "matriarcal".

Nesses casos a responsabilidade do *equívoco* e da *ambiguidade* recai sobre quem favorece ou promove tais estilos de vida ou

As TRÊS COORDENADAS DA COMUNICAÇÃO: REVELAÇÃO, ALIANÇA E PROFECIA

tem a responsabilidade de intervir com caridade e amor e não o faz. A comunidade religiosa pode ajudar os próprios membros a corrigir essas tendências, favorecendo um clima de acolhimento recíproco, superando a consolidação dos equívocos desejados. Para tal finalidade, é evidente a função fundamental que a autoridade deve desempenhar. E numerosos documentos do magistério insistem neste ponto.[21] Os superiores devem ter empenho e cuidado com a animação espiritual e pastoral da comunidade, com a animação unitária. Não se devem deixar absorver por tarefas puramente administrativas, mas ser mestres de espírito.

A surdez

Também a vida consagrada aparece marcada por uma contradição paralisante: de um lado, a necessidade prepotente de comunhão; do outro, a incomunicabilidade.[22] Os consagrados e as consagradas, nos últimos tempos, demonstraram uma disponibilidade crescente para superar o muro da incomunicabilidade, sobretudo pela instituição de ocasiões de encontro, de programação e de escuta recíproca. Em intervalos diferentes, frequentemente semanais, são por toda parte organizados "encontros em que os religiosos e as religiosas compartilham problemas da

---

[21] Ver, por exemplo, *Evangelica testificatio*, nn. 25-26; *Mutuae relationes*, n. 13; *Elementos essenciais do ensinamento da Igreja sobre a vida religiosa*, nn. 44, 49; *Instrumentum laboris do IX Sínodo*, nn. 54, 59; *Vita consecrata*, n. 43.

[22] O documento *A vida fraterna em comunidade* lembra: "Para algumas pessoas consagradas e para algumas comunidades, o recomeçar a construção de uma vida fraterna em comum pode parecer uma empresa árdua e até utópica. Diante de algumas feridas do passado e das dificuldades do presente, a tarefa pode parecer superior às pobres forças humanas. Trata-se de retomar com fé a reflexão sobre o sentido teologal da vida fraterna em comum, convencer-se de que através dela passa o testemunho da consagração" (n. 71).

comunidade, do Instituto e da Igreja".[23] Da mesma forma que esses encontros estão diretamente ligados ao apostolado, às obras, às organizações, são também extremamente úteis para aprender a "escutar os outros, partilhar os próprios pensamentos, rever e avaliar o percurso realizado, pensar e programar juntos".[24]

As resistências, quer a nível pessoal, quer a nível comunitário, podem ser atribuídas a uma forma de *surdez*.[25] A era da comunicação bombardeia com mensagens de todo tipo. O mesmo acontece dentro da vida consagrada, não só pelo número dos documentos produzidos em todos os níveis, mas também por uma espécie de intolerância às contínuas solicitações a *escutar*.

Nenhum religioso, nenhuma religiosa questiona os conteúdos propostos. Surge, porém, uma espécie de *surdez reativa*, que faz entrar em *tilt*, com efeitos diversificados: alguns lamentam a falta de tempo para assimilar as numerosas mensagens, outros sustentam que são inúteis, sobretudo pelo fato de que não incidem na vida real.

A *surdez* dos consagrados e das consagradas pode ser curada recuperando a disponibilidade para *escutar* os numerosos convites divinos,[26] atualizando a antiga expressão "escuta Israel" (Dt 6).

---

[23] *A vida fraterna em comunidade*, cit., n. 31.

[24] Ibid.

[25] Na sua linguagem figurada, os profetas fazem alusão também a esta enfermidade: Sl 38,14; 58,5; Is 42,18; 43,8. Anunciam também o tempo em que os surdos ouvirão: Is 29,18; 35,5; cf. Mt 11,5; Lc 7,22. O Evangelho conta a cura de um surdo-mudo e a de um surdo: Mc 9,24; 7,32.

[26] São sempre atuais as seguintes palavras de João Paulo II: "A todos os homens e mulheres que quiserem ouvir a minha voz, desejo fazer chegar o convite a procurarem os caminhos que conduzem ao Deus vivo e verdadeiro, mesmo nos itinerários traçados pela vida consagrada. As pessoas consagradas testemunham que 'aquele que segue Cristo, o homem perfeito, torna-se mais homem'. Quantas delas se debruçaram, e continuam a fazê-lo, como bons samaritanos, sobre as inúmeras feridas dos irmãos e irmãs que encontram pelo caminho! Olhai para estas pessoas fascinadas por Cristo, que, no seu autodomínio, sustentada pela graça e pelo amor de Deus, apontam o remédio contra a avidez do ter, do prazer e do poder.

Pôr-se à escuta é uma atividade dificílima. Não nos maravilhemos se entre os religiosos e as religiosas for um problema real.

Há uma expressão no Sl 40 que nos oferece a chave para superar essa atitude: "Mas abriste os meus ouvidos" (v. 7).[27] *Escutar* significa fazer com que aquele que recebe possa entrar, deitar raízes; mas também quer dizer acolher, aceitar, com uma adesão absoluta, uma disponibilidade incondicionada.

Admirável é o caminho de numerosas comunidades religiosas para *cuidar* da surdez, com a instituição da *Lectio divina*[28] semanal, com o aprofundamento da Palavra de Deus no âmbito pessoal e comunitário,[29] com dias de retiro mensal ou tempos prolongados de oração.[30]

Não esqueçais os carismas que plasmaram maravilhosos 'perscrutadores de Deus' e benfeitores da humanidade, que abriram caminhos seguros para quantos procuram Deus de coração sincero. Considerai o grande número de santos criados neste gênero de vida, considerai o bem feito ao mundo, ontem e hoje, por quem se dedicou a Deus! Porventura este nosso mundo não tem necessidade de radiosas testemunhas e verdadeiros profetas da força benfazeja do Amor de Deus? Não tem ele necessidade também de homens e mulheres que, com a sua vida e a sua ação, saibam espalhar sementes de paz e de fraternidade?" (*Vita consecrata*, n. 108).

[27] "Gli orecchi tu mi hai scavato, perforato" [Meus ouvidos escavaste, perfuraste]. Cf. Ravasi, G. *Comunicazione*, op. cit. [*sic*], p. 9.

[28] "De grande valor é a meditação *comunitária* da Bíblia. Realizada na medida das possibilidades e circunstâncias da vida de comunidade, ela leva à partilha feliz das riquezas encontradas na Palavra de Deus, mercê das quais irmãos e irmãs crescem juntos e se ajudam a progredir na vida espiritual" (*Vita consecrata*, n. 94).

[29] "A Palavra de Deus é alimento para a vida, para a oração e para o caminho diário, é o princípio de unificação da comunidade na unidade de pensamento, a inspiração para a renovação constante e para a criatividade apostólica. [...] A vida fraterna em comum favorece também a redescoberta da dimensão eclesial da Palavra: acolhê-la, meditá-la, vivê-la juntos, comunicar as experiências que dela florescem e assim avançar numa autêntica espiritualidade de comunhão" (*Partir de Cristo*, n. 24).

[30] "A oração e a contemplação são o lugar de acolhida da Palavra de Deus e, ao mesmo tempo, brotam da escuta da Palavra. Sem uma vida interior de amor que atraia a si o Verbo, o Pai e o Espírito (cf. Jo 14,23), não pode

O silêncio

"No princípio era a Palavra" (Jo 1,1). Mas na origem da Palavra havia o *Silêncio*: "O Verbo eterno do Pai procede do Silêncio", diz santo Inácio de Antioquia na Carta aos Magnésios (8,2).[31] O Verbo saiu do eterno *Silêncio* e assim se conseguiu a graça da autocomunicação de Deus: "E a Palavra se fez carne" (Jo 1,14). Paulo afirma que é a "revelação do mistério mantido em sigilo desde sempre" (Rm 16,25. Cf. Ef 3,9).

Contemplando essas verdades eternas, as várias formas de manipulação da palavra que enfrentamos são relidas no *silêncio*, qual medicamento para recuperar a palavra:

> O homem interior percebe os tempos de silêncio como uma exigência do amor divino, e uma certa solidão lhe é normalmente necessária para ouvir Deus que lhe "fala ao coração". É preciso acentuar que um silêncio que fosse simplesmente ausência de barulho ou de palavra, no qual a alma não pudesse revigorar-se, seria evidentemente sem qualquer valor espiritual e poderia até ser prejudicial para a caridade fraterna se, naquele momento, fosse urgente estabelecer contatos com os outros. No entanto, a busca da intimidade com Deus comporta a necessidade, verdadeiramente vital, de um silêncio de todo o ser, seja para aqueles que devem encontrar Deus mesmo no meio do barulho, seja para os contemplativos. A fé, a esperança, um amor de Deus disponível aos

> haver um olhar de fé e, por conseguinte, a própria vida vai perdendo gradativamente o sentido. O rosto dos irmãos torna-se opaco, e assim torna-se impossível descobrir neles o rosto de Cristo; os acontecimentos da história permanecem ambíguos, ou mesmo desprovidos de esperança, e a missão apostólica e criativa decai em atividade dispersiva" (*Partir de Cristo*, n. 25).

[31] Cf. LAMBIASI, F. Il silenzio come comunicazione. In: VV. AA. *La comunicazione...*, cit., pp. 77ss.

As três coordenadas da comunicação: revelação, aliança e profecia

dons do Espírito, bem como um amor aberto ao mistério dos outros, implicam, como exigência sua, uma necessidade do silêncio.[32]

O discurso sobre o *silêncio* não pode ser reduzido a pura filologia ou filosofia. Interessa-nos entender que a tensão entre "silêncio cheio e palavra vazia" deve prevenir contra o perigo que Heidegger evidenciava, ao qual já acenamos: "Dizer e falar não são a mesma coisa. Alguém pode falar, falar sem parar, e tudo o que fala pode não dizer nada. Outro, porém, se cala, não fala e pode, com o seu não falar, dizer muito".[33]

Não é o número das palavras que faz a qualidade da comunicação, mas a intensidade da vontade de comunicar-se. O teste para os religiosos e as religiosas não é sobre as palavras, mas sobre a disponibilidade de fazer da palavra a via preferencial para o serviço do Reino de Deus.[34]

Também dentro da vida consagrada há o risco da afasia, da incomunicabilidade, mas existe também a urgência de evitar as palavras vazias, sem valor, para não se encontrar na situação descrita pelo Eclesiastes: "Todas as coisas são difíceis e não se pode explicá-las com palavras" (1,8). É um dado realmente trágico: as palavras não têm mais significado. Concretamente, isto quer dizer que se fazem discursos e pregações sobre o amor,

---

[32] Cf. *Lineamentos para o Sínodo de 1994*, n. 20.

[33] HEIDEGGER, M. *In cammino verso il linguaggio*. Milano, Mursia, 1984. p. 198.

[34] "A sua fidelidade ao único Amor revela-se e aperfeiçoa-se na humildade de uma vida escondida, na aceitação dos sofrimentos para 'completar na própria carne o que falta aos sofrimentos de Cristo' (Cl 1,24), no sacrifício silencioso, no abandono à vontade santa de Deus, na serena fidelidade mesmo em face do declínio das próprias forças e importância. Da fidelidade a Deus brota também a dedicação ao próximo, que as pessoas consagradas vivem, não sem sacrifício, na constante intercessão pelas necessidades dos irmãos, no generoso serviço aos pobres e aos enfermos, na partilha das dificuldades alheias, na solícita participação das preocupações e provas da Igreja" (*Vita consecrata*, n. 24).

sobre a unidade, sobre o valor da fraternidade, sobre a beleza da vida em comum e coisas semelhantes, e quem ouve acha as palavras muito bonitas, consoladoras... mas tudo fica por aí, as palavras não incidem sobre o comportamento, não mexem com a pessoa, não interpelam: são as palavras que se esperava ouvir, todo o compromisso que exigem é o de escutá-las. As palavras não se tornam vida real.

Por isso, o silêncio pode tornar-se uma oportunidade para descobrir o valor real das palavras, o sentido que elas têm, os compromissos que evocam. Um bom silêncio é o prelúdio para as palavras novas e impregnadas de interioridade e de disponibilidade para o futuro.

Não se pode menosprezar a necessidade de calar para preparar a comunicação (*silêncio propedêutico*) e do silêncio como a comunicação mais alta e mais densa (*silêncio emblemático*). É preciso calar para falar com o outro e para que o outro fale; é preciso, pois, escutar o próprio *eu* mais íntimo e ouvir o *tu* com o qual estão envolvidos no circuito do diálogo.

Sem essa escuta sincera, o *homo loquens* se torna inexoravelmente *homo loquax*:[35] é antiga a lição do Eclesiastes: "[Há um] tempo de calar e tempo de falar" (3,7). E é também uma das mensagens mais recorrentes em *A vida comum*, de Bonhoeffer: só quem é capaz de solidão é capaz de comunicação e, portanto, pode realmente contribuir para construir a comunidade.

O silêncio cheio, denso, é o ponto de chegada da comunicação perfeita, precedido por uma escuta silenciosa, atenta. O indivíduo apenas consegue falar se antes exercitou o silêncio, que educa a falar só depois de ter feito silêncio.[36]

---

[35] Cf. LAMBIASI, F. Il silenzio..., cit., p. 87.

[36] Cf. RAVASI, G. *Comunicare*, op. cit. [*sic*], p. 12.

As colunas da comunicação bíblica

O Concílio Vaticano II, seguindo o Concílio de Trento e o Concílio Vaticano I, apresenta a doutrina genuína da comunicação bíblica na constituição dogmática *Dei Verbum*, aprovada em 18 de novembro de 1965. A constituição expõe a origem, a natureza e o fim da revelação:

> Aprouve a Deus, em sua bondade e sabedoria, revelar-se a si mesmo e tornar conhecido o mistério de sua vontade (cf. Ef 1,9), pelo qual os homens, por intermédio do Cristo, Verbo feito carne, e no Espírito Santo, têm acesso ao Pai e se tornam participantes da natureza divina (cf. Ef 2,18; 2Pd 1,4). Mediante esta revelação, portanto, o Deus invisível (cf. Cl 1,15; 1Tm 1,17), levado por seu grande amor, fala aos homens como a amigos (cf. Ex 33,11; Jo 15,14-15), e com eles se entretém (cf. Br 3,38) para os convidar à comunhão consigo e nela os receber. Este plano de revelação se concretiza através de acontecimentos e palavras intimamente conexos entre si, de forma que as obras realizadas por Deus na história da salvação manifestem e corroborem os ensinamentos e as realidades significadas pelas palavras. Estas, por sua vez, proclamam as obras e elucidam o mistério nelas contido. No entanto, o conteúdo profundo da verdade, seja a respeito de Deus, seja da salvação do homem, se nos manifesta por meio dessa revelação em Cristo, que é ao mesmo tempo mediador e plenitude de toda a revelação (n. 2).

Também o documento dos bispos italianos *Comunicar o Evangelho num mundo em mudança* reafirma a centralidade da comunicação bíblica, sobretudo quando lembra a todos os crentes o compromisso de "favorecer, em definitivo, uma mais adequada e eficaz *comunicação aos homens*, no meio dos quais vivemos, *do mistério do Deus* vivo e verdadeiro, *fonte de alegria e de esperança* para toda a humanidade" (n. 44).

A comunicação bíblica, qual via preferencial do Criador para tecer relações com a humanidade, constitui para os consagrados e as consagradas um ulterior módulo de referência para adquirir não só um *estilo comunicativo*, mas também para enraizar a própria existência nessa *via preferencial* de Deus,[37] a qual "descreve com a imagem nupcial a relação íntima e indissolúvel entre Deus e o seu povo" (*Verbi sponsa*, n. 4).

Nesse sentido são feitos os numerosos convites para reconsiderar a existência consagrada como *epifania divina*.[38]

O método comunicativo divino tem na Escritura o seu ponto máximo de referência. A palavra transmitida aos profetas continua a ser *presença comunicativa* para todos os crentes.

A comunicação divina

O ser humano bíblico é ser em relação; é filho de um *disse* (Gn 1,26), com o qual Deus determinou a vontade de *comunicar-se*. Deus quis falar desde o início, quis dialogar com o ser humano, iniciar uma longa história juntos, fazer uma *aliança de comunhão*.[39]

É de Deus a iniciativa de sair do seu silêncio e irromper na vicissitude humana através de uma palavra que é comunicação do seu pensamento e do seu caminho (*comunicação fontal*), visando a uma nova e diferente comunicação inter-humana, humano-cósmica, divino-humana (*comunicação transformadora-transfiguradora*). O Deus transcendente, ao "irromper",

---

[37] Cf. *Instrumento de trabalho do IX Sínodo*, n. 40. *Vita consecrata*, n. 40.

[38] Cf. *Novas vocações para uma nova Europa*, nn. 17-18.

[39] Cf. Gn 2,15; Ex 24,2; Ez 16; Os 1,3; Lc 1,72; Mt 26,28; Jo 1,29.

torna-se o Deus conosco — o Deus para nós, "ensinando-nos" com a sua palavra relações qualitativamente outras.[40]

A sua vinda na palavra "criadora-legislativa-profética-sapiencial-evangélica-apostólica" é vontade de bem para o ser humano (cf. Is 55,10-11), uma vinda que nunca deixou de alcançar, segundo a tradição cristã, a sua plenitude no Senhor Jesus: "Muitas vezes e de muitos modos, Deus falou outrora aos nossos pais, pelos profetas. Nestes dias, que são os últimos, falou-nos por meio do Filho, a quem constituiu herdeiro de todas as coisas e pelo qual também criou o universo" (Hb 1,1-2).

Por conseguinte, "o primeiro passo para retomar o vigor e as motivações autênticas no serviço que nos foi confiado consistirá em voltar-se para o itinerário do Verbo da vida, em toda a sua inteireza" (*Comunicar o Evangelho num mudo em mudança*, n. 10), porque "parece-nos que o *dever* absolutamente *primário para a Igreja, num mundo em mudança* e que busca razões para alegrar-se e esperar, será e permanecerá sempre *a comunicação da fé*, da vida em Cristo sob a direção do Espírito, da pérola preciosa do Evangelho" (n. 4).

Envolvente

No livro do Êxodo (*éxodos* = saída)[41] encontramos a fonte da comunicação divina, pois Deus se revela a si mesmo como "alfa, libertador, legislador, misericordioso".

---

[40] Cf. BRUNI, G. La comunicazione nella Bibbia. Alcuni esempli. In: VV. AA. *Comunicazione e vita consacrata*, cit., pp. 44ss.

[41] Nos capítulos 1 a 18, temos a narração da opressão das tribos hebraicas no Egito e a sua libertação; do 19 ao 40, a fundação da unidade israelita: conclusão da aliança e legislação no Sinai; aí se encontram os Dez Mandamentos (Ex 20,1s), o Código da Aliança (Ex 20,22–23,33) e todas as prescrições relativas à construção do Tabernáculo e o que se refere a ele

Ex 3,4.7-12 narra o envolvimento de Moisés na libertação de Israel. É um trecho que atesta o valor do *chamado divino* ("Deus o chamou": 3,4), a *tarefa de desvelar* o que está escondido ao povo oprimido ("O Senhor lhe disse": 3,7) e, finalmente, a *missão* para o povo ("E agora, vai!": 3,10).

Em Ex 15,1-21 Deus se comunica como um *libertador* e, no contexto, comunica ao eleito o seu *código de aliança*. Essa experiência confirma a vontade divina de falar: "[...] esta palavra está bem ao teu alcance, está em tua boca e em teu coração [...]" (Dt 30,14). É uma palavra que constitui Israel o "povo da escuta" (Dt 6,4-9); o povo da palavra cantada e ouvida: "Faremos tudo o que o Senhor falou [...]" (Ex 24,7); o povo da narração das *mirabilia Dei* e das suas palavras (Dt 6,7).

O Êxodo pode constituir um modelo *envolvente* para a vida consagrada do nosso tempo[42] na medida em que souber apegar-se ao mistério de Deus, pois é seu "ícone visível", e, por outro lado, está totalmente envolvida com a história do ser humano no mundo, em estado de êxodo, para "os novos céus" (*Novas vocações para uma nova Europa*, n. 15), tendo a consciência de que "a Igreja está imersa no tempo dos seres humanos, vive na história em condição de êxodo, está em missão a serviço do

---

(Ex 25). No centro do quadro está Moisés, o grande guia, o libertador legislador e profeta.

[42] "'Êxodo': palavra fundamental da revelação à qual toda a história da salvação faz referência e que exprime o sentido profundo do mistério pascal. Tema particularmente grato à espiritualidade da vida consagrada e que manifesta bem o seu significado. Nele está inevitavelmente incluído o que pertence ao *mysterium Crucis*. Mas este difícil 'caminho exodal', visto da perspectiva do Tabor, aparece colocado entre duas luzes: a luz prenunciadora da Transfiguração e a luz definitiva da Ressurreição. A vocação à vida consagrada — no horizonte de toda a vida cristã —, não obstante as suas renúncias e provas, antes em virtude delas, é um *caminho 'de luz'*, sobre o qual vela o olhar do Redentor: '*Levantai-vos e não tenhais medo*'" (*Vita consecrata*, n. 40).

AS TRÊS COORDENADAS DA COMUNICAÇÃO: REVELAÇÃO, ALIANÇA E PROFECIA

Reino para transformar a humanidade na comunidade dos filhos de Deus" (n. 19).

Transformadora

A intenção divina tem sempre uma finalidade bem precisa: cobrir as distâncias e criar condições para uma transformação real, para vantagem de toda criatura, na perspectiva de Isaías: "Não deveis ficar lembrando as coisas de outrora, nem é preciso ter saudades das coisas do passado. Eis que estou fazendo coisas novas" (43,18-19). Os consagrados, recorda-nos o *Instrumento de trabalho*, "repropõem o valor e a memória do projeto original de Deus que o pecado obscureceu e são sinal da impaciência com a qual toda a humanidade espera a plena revelação da glória do Filho de Deus" (n. 71).

Eis a razão da comunicação divina, como estrada preferencial ao serviço da transfiguração,[43] da união entre os diversos povos[44] (cf. Am 9,7), com particular atenção para com o órfão (cf. Dt 10,16-19), a viúva (cf. 2Sm 14,4; 2Rs 4,1; Jó 22,9; 24,3;

---

[43] Cf. *Vita consecrata*, nn. 14-16.

[44] Na *Mensagem do IX Sínodo Ordinário*, lê-se: "A riqueza e a diversidade das culturas que trazeis à Vida Consagrada vos tornam mais capazes de proclamar o Evangelho àqueles que não o conhecem. Conduzi, pois, os irmãos à descoberta das sementes do Verbo nas suas culturas, e enchei o vazio dos valores cristãos desconhecidos ou não incorporados nelas; corrigi e aperfeiçoai os modos comuns de pensamento e conduta não compatíveis com a fé revelada; enriquecei o diálogo e a compreensão da mensagem com sinais e linguagem compreensíveis ao ser humano contemporâneo, mesmo se exprimem os desafios da Revelação à razão humana e à vida individual e coletiva dos seres humanos. A vitalidade dos Conselhos evangélicos interpela uma cultura em crise da última modernidade e oferece, a mulheres e homens, vítimas do desencantamento, modelos capazes de transformar a sua vida. Este testemunho convida os seres humanos a recuperar, no seu ser, a imagem de Deus obscurecida pelo pecado".

Sl 94,6) e o estrangeiro (cf. Jó 31,32). De fato, os consagrados e as consagradas,

em todas as latitudes da terra, vivem as mesmas vicissitudes do Povo de Deus nos diversos contextos geográficos e culturais; partilham as alegrias e as esperanças, as tristezas e as angústias dos homens e das mulheres de hoje, especialmente dos pobres e daqueles que sofrem, pois não há nada genuinamente humano que não encontre eco no coração dos discípulos e das discípulas de Cristo.[45]

A vida consagrada não só tem uma longa tradição de proximidade com os mais pobres,[46] revelando o amor divino, com iniciativas de promoção humana e cristã, mas também se esforça por comunicar a própria razão de ser, através de um caminho pessoal e comunitário de conversão (cf. Dt 30,10; Is 55,7; Lc 22,32; Mt 7,18; 26,75; 1Cor 5,7; Rm 6,6).

Desse modo, o *êxodo* inclui um movimento para a profundidade, como passagem do coração de pedra (cf. Ez 36,26), fechado para a presença e para a palavra, para o coração de

---

[45] *Instrumento de trabalho do IX Sínodo*, n. 10.

[46] Sobre esta tensão dos religiosos e das religiosas são ainda mais claras as seguintes reflexões do *Instrumento de trabalho*. "Nas respostas, frequentemente se sublinha como fruto de renovação a opção evangélica pelos pobres como uma forma concreta de compartilhar a pobreza e exprimir a caridade para com os mínimos, escolha privilegiada de muitos fundadores e fundadoras. Isso incluiu muitas vezes uma inserção maior em bairros populares, com uma influência nos estilos de vida mais simples e no discernimento e redimensionamento das obras apostólicas. Essa proximidade com o povo, muitas vezes marginalizado e abandonado, fez crescer a solidariedade humana e evangélica, o compromisso pela justiça e a promoção humana, que hoje se percebem como aspectos integrantes da nova evangelização.Os pobres, muitas vezes, com o seu profundo sentido de Deus, evangelizaram os próprios religiosos e religiosas. A vida consagrada recebeu dos pobres um convite para viver uma espiritualidade mais encarnada, atenta à história e aos sinais dos tempos, que favoreceu a consciência da sua dimensão profética e martirial e assumiu posições de vanguarda, inclusive com risco de vida" (n. 23).

AS TRÊS COORDENADAS DA COMUNICAÇÃO: REVELAÇÃO, ALIANÇA E PROFECIA

carne, tornado assim pela Presença e pela palavra (cf. Is 58).
Os religiosos e as religiosas podem encontrar na comunicação
divina não só uma cura interior, uma maior disponibilidade
para crescer e para fazer crescer, mas também uma contribuição
para reordenar uma situação que não está longe da confusão
da torre de Babel (Gn 11,1): Modernidade e pós-Modernidade,
globalização, mundialização... fazem do nosso mundo um mundo
extremamente confuso e desordenado, no qual permanecem obs-
curecidos os valores essenciais. A vida consagrada tem a tarefa
e os instrumentos para levar luz e clareza. Ela deve

> [...] enfrentar o impacto da Modernidade e da cultura "pós-
> -moderna" da sociedade, profundamente contrárias aos valores
> evangélicos. E isto sem perder o fervor da própria consagração;
> antes, haurindo dela a capacidade de *reagir em modo evangélico*,
> através da dimensão profética presente no chamamento à con-
> versão. O mundo de hoje precisa de evangelizadores do amor
> de Deus e de arautos da transcendência e do sobrenatural, com
> claro testemunho do sentido escatológico da vida, da cultura, do
> trabalho, do compromisso em favor dos irmãos, oferecendo a este
> mundo o espírito das bem-aventuranças e os carismas do Espírito,
> que conduz a história em direção ao Reino.[47]

A comunicação escrita

A exortação apostólica *Vita consecrata* lembra que "a vida
consagrada tem a função profética de *recordar e servir o desígnio
de Deus sobre os homens*, tal como esse desígnio é anunciado
pela Escritura e resulta também da leitura atenta dos sinais da
ação providente de Deus na história" (n. 73).[48]

---

[47] *Lineamentos para o IX Sínodo*, n. 29e.

[48] Em outros textos há referências à importância da Palavra de Deus para
os consagrados e as consagradas. Cf. *Perfectae caritatis*, n. 42; *Renova-*

É o convite a considerar a *Escritura* como o lugar preferencial da comunicação divina, onde está contida a *mais antiga história de comunicação nunca interrompida.*[49]

A Escritura é comunicação enquanto relato dos acontecimentos de uma comunicação entre Deus e o ser humano, enquanto evento comunicativo que está na base da fé hebraica e cristã, enquanto Palavra para anunciar na Igreja e pela Igreja ao mundo. O texto sagrado pode ser lido como o relato de uma comunicação sempre perturbada pelo pecado, mas sempre reativada pela obstinada misericórdia divina.[50]

A comunicação escrita testemunha como a *criação* é o fundamento perene e o fruto da Palavra divina. Reflete a sua lógica, configurando-se como um tecido relacional orientado para a comunicação. O cume da criação é o *ser humano* feito à imagem do Deus comunicador, que é avesso à solidão ("Não é bom que o homem esteja só": Gn 2,8) e se realiza na relação dialógica.

Temos acentuado muitas vezes que Deus é tenaz na sua vontade de comunicar, que não abandona as suas criaturas, mesmo as rebeldes e infiéis (cf. Lv 11,44). Os sinais evidentes dessa determinação dialogante são a lei (cf. Ex 7,10; Ne 8,1) e a aliança (cf. Ex 24,2).

O Pai não só alimenta a comunicação *divina*, mas também, na comunicação *escrita*, confirma a constante tensão comunicativa e a paciência de propor de novo essa via preferencial, a de

---

tionis causa, n. 31; *A dimensão contemplativa da vida religiosa,* nn. 1, 8; *Elementos essenciais...,* n. 20; *A vida fraterna em comunidade,* nn. 13, 48, 63; *Instrumentum laboris,* nn. 91, 94; *Verbi sponsa,* n. 22.

[49] Cf. PANTEGHINI, G. *Quale comunicazione nella Chiesa. Una Chiesa tra ideali di comunione e problemi di comunicazione.* Bologna: EDB, 1993: deste estudo tiraremos as diversas reflexões desta seção.

[50] Os religiosos e as religiosas são lembrados do compromisso de ler e aprofundar-se na Escritura. Cf. *Elementos essenciais...,* n. 26; *Partir de Cristo,* nn. 4, 23.

remover as coisas que perturbam a recepção, produzidas pelo pecado. Nessa direção, a *Dei Verbum* tem uma página atualíssima para os consagrados e as consagradas:

[...] o sagrado Concílio exorta com ardor e insistência todos os fiéis, mormente os religiosos, a que aprendam "a sublime ciência de Jesus Cristo" (Fl 3,8) com a leitura frequente das divinas Escrituras, porque "a ignorância das Escrituras é ignorância de Cristo" [são Jerônimo]. Debrucem-se, pois, gostosamente sobre o texto sagrado, quer através da sagrada liturgia, rica de palavras divinas, quer pela leitura espiritual, quer por outros meios que se vão espalhando tão louvavelmente por toda a parte, com a aprovação e estímulo dos pastores da Igreja. Lembrem-se, porém, de que a leitura da Sagrada Escritura deve ser acompanhada de oração para que seja possível o diálogo entre Deus e o ser humano; porque "a ele falamos, quando rezamos, a ele ouvimos, quando lemos os divinos oráculos"[santo Ambrósio] (n. 25).

A esta altura, evidenciamos brevemente dois aspectos da comunicação escrita, para melhor enquadrar a questão.

Acontecimento comunicativo fundante

A Escritura não é só a narração da comunicação de Deus com a humanidade; é também *acontecimento comunicativo*. A *Dei Verbum* afirma continuamente que na Escritura não se encontram simples informações sobre o que Deus quis revelar-nos, mas a mesma *autocomunicação* de Deus solicita o envolvimento pessoal do ser humano através da fé.[51]

---

[51] "Deus, em seu grande amor, por especial disposição, escolheu para si um povo, visando preparar a salvação de todo o gênero humano. Pela aliança feita com Abraão (cf. Gn 15,18) e, através de Moisés, com o povo de Israel (cf. Ex 24,8), revelou-se a seu povo, com palavras e feitos, como único Deus verdadeiro, para que Israel experimentasse o que significa para os homens seguir os caminhos de Deus, fosse aos poucos conhecendo-os

A Escritura se apresenta como evento que abrange seja os conteúdos (verdades reveladas), seja a relação pessoal da fé em Deus (abandono confiante). Um acontecimento que não se resume numa comunicação unidirecional, de tipo simplesmente informativo e jurídico-normativo. A de Deus é uma comunicação que envolve profundamente tanto Deus como o ser humano.[52]

O fato mesmo de Deus ser *comunhão de vida* revela o significado profundo da criação, fruto e eco da palavra divina. Manifesta, particularmente, o significado do ser humano, feito à imagem de Deus e por isso profundamente marcado pela necessidade de comunhão e de comunicação.

Memória viva

A Escritura se tornou, no tempo, uma história longuíssima, memória escrita das vicissitudes do antigo e novo Israel. Nela

---

melhor e os mostrasse aos povos, à medida que Deus ia falando, pela boca dos profetas (cf. Sl 21,28s; 95,1ss; Is 2,1-4; Jr 3,17)" (*Dei Verbum*, n. 14). "A Deus, que se revela, deve-se prestar a *obediência da fé* (cf. Rm 16,26; 1,5; 2Cor 10,5s), pela qual o ser humano se entrega livre e inteiramente a Deus, 'com total submissão da inteligência e da vontade a Deus, que se revela' [Conc. Vaticano I, const. *Dei Filius*, c. 3: *DS 3008*], acolhendo voluntariamente a revelação por ele comunicada. Essa prestação de fé não se faz sem o auxílio anterior da graça de Deus e o suporte interior do Espírito Santo, que leva o coração à conversão para Deus, abre os olhos da mente e dá "a todos o gosto de acolher a verdade e acreditar nela" [Conc. de Orange II, can. 7: *DS 377*; Conc. Vaticano I, 1.c: *DS 3010*]. O Espírito Santo, com os seus dons, vai aperfeiçoando a fé, para que entenda a revelação de modo cada vez mais profundo.

[52] "Nos livros sagrados, o Pai que está no céu vem amorosamente falar a seus filhos. É tão grande a força e a virtude da Palavra de Deus, que ela sustenta e dá vigor à Igreja, corrobora a fé de seus filhos, alimenta a alma, jorra como fonte pura e perene da vida espiritual. Aplica-se à Escritura o que se lê: 'A Palavra de Deus é viva e eficaz' (Hb 4,12) 'tem o poder de edificar e de dar a vocês a herança entre todos os santificados' (At 20,32; cf. 1Ts 2,13)" (*Dei Verbum*, n. 21).

se cristalizaram as expressões mais intensas da identidade do Povo de Deus, chamado a ser instrumento de salvação universal. Nessa perspectiva, o texto sagrado é, em primeiro lugar e em toda a espessura de significado, linguagem humana, palavra de seres humanos.

Os crentes, porém, não cessam de aproximar-se da Escritura como mensagem de Deus que opera salvação em quem a acolhe mediante a fé e a traduz em estilos de vida e obras de vida. A Bíblia é o livro da revelação de Deus, que culmina em Jesus Cristo; é a "Boa-Nova da salvação posta por escrito" (cf. *Dei Verbum*, n. 7); é a palavra amiga dirigida por Deus aos seres humanos na história e através da história, exatamente "contida e expressa de modo especial nos livros inspirados" (nn. 8 e 11).

A comunicação da Palavra de Deus

A comunicação *divina* e *escrita* favorece entre os consagrados e as consagradas "maior consciência pessoal da necessidade de uma assídua meditação da Palavra de Deus" (*Lineamenta para o Sínodo de 1994*, n. 26a). Desse modo, a *Palavra de Deus* se torna "síntese vital entre consagração e missão" (*Mensagem do IX Sínodo sobre a Vida Consagrada*, IV), a qual "é alimentada e defendida por uma escuta atenta da Palavra de Deus" (*Lineamenta para o Sínodo de 1994*, cf. n. 26a).

Nutridos pela Palavra, feitos homens e mulheres novos, livres e evangélicos, os consagrados poderão ser autênticos *servos da Palavra* no compromisso da evangelização, cumprindo deste modo uma prioridade para a Igreja no início do novo milênio: "É preciso reacender em nós o zelo das origens, deixando-nos invadir pelo ardor da pregação apostólica que se seguiu ao Pentecostes" (*Partir de Cristo*, n. 24).

A *Palavra de Deus*, além de ser palavra escrita, se torna palavra vivida, fonte de vida espiritual[53] e apostólica,[54] pois responde às emergências do nosso tempo, que necessita de forte testemunho profético por ter perdido o sentido de Deus, do sobrenatural, do transcendente. Tal testemunho

versará, primeiramente, *sobre a afirmação da primazia de Deus e dos bens futuros*, como transparece do seguimento e imitação de Cristo casto, pobre e obediente, votado completamente à glória do Pai e ao amor dos irmãos e irmãs. A própria vida fraterna é já profecia em ato, numa sociedade que, às vezes sem se dar conta, anela profundamente por uma fraternidade sem fronteiras. Às pessoas consagradas é pedido que ofereçam o seu testemunho, com a ousadia do profeta que não tem medo de arriscar a própria vida. Uma íntima força persuasiva da profecia vem-lhe da *coerência entre*

---

[53] "Além disso, a vida espiritual deve nutrir-se constantemente na *assídua leitura, na meditação, contemplação e experiência vivida da Palavra de Deus*, fonte pura e perene de vida espiritual, conforme as legítimas tradições da 'lectio divina' e, igualmente, noutras formas de contemplação e de oração pessoal e comunitária, bem como nos diversos exercícios de piedade, próprios de cada Instituto, a que a programação da vida pessoal e comunitária deve dar o devido lugar" (*Lineamentos para o IX Sínodo*, n. 12c).

[54] "Quaisquer que sejam as obras através das quais a Palavra é transmitida, a missão é empreendida como uma responsabilidade comunitária. É ao Instituto todo inteiro, ao qual a Igreja delega esta parte da missão de Cristo, que a caracteriza e a realiza nas obras diretamente inspiradas pelo carisma do fundador. Esta colaboração da missão não significa que todos os membros do Instituto fazem a mesma coisa nem que os dons e as qualidades de cada um não são respeitados. Isso significa que tudo o que faz cada um dos membros está em relação direta com o apostolado comum, reconhecido pela Igreja como sendo a expressão concreta da finalidade do Instituto. Esse apostolado comum e constante faz parte da tradição do Instituto. Ele está tão estreitamente ligado à sua identidade que não pode ser modificado sem afetar o caráter do próprio Instituto. No estudo de novas obras a empreender, é, então, uma pedra de toque para a sua autenticidade ver se essas formas de serviço serão realizadas por um grupo de religiosos ou por indivíduos isolados" (*Elementos essenciais...*, n. 25).

o *anúncio e a vida*. As pessoas consagradas serão fiéis à sua missão na Igreja e no mundo se forem capazes de se reverem continuamente a si próprias à luz da Palavra de Deus. Poderão, assim, enriquecer os outros fiéis com os dons carismáticos recebidos, deixando-se, por sua vez, interpelar pelas provocações proféticas vindas dos outros elementos eclesiais (*Vita consecrata*, n. 85).

Além disso, os consagrados

não podem deixar de se sentirem interpelados por esta urgência. Também eles são chamados, no anúncio da Palavra de Deus, a individuar métodos mais apropriados às exigências dos diversos grupos humanos e dos vários âmbitos profissionais, para que a luz de Cristo penetre em cada setor humano e o fermento da salvação transforme a partir de dentro a vida social, favorecendo a consolidação de uma cultura permeada pelos valores evangélicos. Também através de tal empenho, no limiar do terceiro milênio cristão, a vida consagrada poderá renovar a sua conformidade com os desígnios de Deus, que vem ao encontro de todas as pessoas que andam, consciente ou inconscientemente, por assim dizer, tateando à procura da Verdade e da Vida (*Vita consecrata*, n. 98).

Desse modo, a *Palavra de Deus* é comunicação, ministério, serviço, "a inspiração para a renovação constante e para a criatividade apostólica [...]" para a vida fraterna (*Partir de Cristo*, n. 24).

Cristo, o tipo do comunicador

Após ter delineado as características da *palavra* e ter descrito as várias fases da *comunicação divina*, tentemos agora ver a incidência que teve Jesus como *grande mestre de comunicação*.[55]

---

[55] Cf. AMATO, A. Cristo, comunicatore del Padre. In: VV. AA. *Comunicazione e vita consacrata*, cit., pp. 53ss. Cf. p. 46.

Se outros fundadores de religiões levaram uma vida inteira para treinar os seus seguidores, Jesus precisou apenas de três anos para educar os seus discípulos não só para compreender a sua revelação, mas sobretudo para viver com ele, para ele e nele.

Jesus não foi um escritor, mas um pregador. Não anunciou o Reino de Deus com a página fria de um escrito, mas com o entusiasmo, a convicção e a autoridade da sua palavra de mestre (cf. Jo 14,9; 3,2; 4,31; 6,25; 9,2; 11,8) e de profeta (cf. Mc 6,15; Mt 21,11.46; Jo 4,19).

Jesus utilizou a *palavra* para comunicar o seu ensinamento, usando uma fascinante e diversificada metodologia didática, mediante a utilização de variados "gêneros literários", como os discursos, as parábolas, os ditos sapienciais, as palavras unidas aos fatos. Além disso, comunicou com as suas atitudes originalíssimas em relação aos pobres, aos marginais, aos doentes, aos necessitados, aos inimigos, às mulheres, às crianças, à lei, ao templo. Comunicou também mediante as ações de poder ou milagres, que se tornaram sinais da presença providente de Deus na história. Comunicou com os seus gestos, os seus silêncios e os seus olhares.

Também os seus deslocamentos foram *comunicação salvífica.* A viagem para Jerusalém não era casual; tinha a função de revelar e levar à plenitude a sua missão redentora, como se nota pela seguinte passagem: "Eis que estamos subindo para Jerusalém, e o Filho do Homem será entregue aos sumos sacerdotes e aos escribas. Eles o condenarão à morte e o entregarão aos pagãos para zombarem dele, açoitá-lo e crucificá-lo. Mas no terceiro dia ressuscitará" (Mt 20,18-19).

O próprio chamado dos discípulos ao seguimento foi comunicação de uma *partilha de vida* e de projetos apostólicos (cf. Mt 4,19; 8,22; 9,9; Mc 1,17; 2,14; Lc 5,10; 9,60; Jo 1,38.43).

A página suprema da existência de Jesus foi a sua morte na cruz, selo excelso dessa comunicação total, que se perpetua vitalmente na história mediante a eucaristia, o sacramento da perene comunhão com ele.

Seguindo as pegadas de Jesus, os consagrados e as consagradas fazem da própria vida a comunicação da própria existência "a serviço da causa do Reino de Deus, deixando tudo e imitando mais de perto a forma de vida de Jesus Cristo" (*Partir de Cristo*, n. 1).

Eles respondem, assim, às exigências da sociedade hodierna, que espera ver nos consagrados e nas consagradas "o reflexo concreto do agir de Jesus, do seu amor para cada pessoa, sem distinções ou adjetivos qualificativos" (*Partir de Cristo*, n. 2).

Nessa ótica, Jesus tem muito a ensinar aos membros das famílias religiosas, sobretudo pelo fato de que a escolha de vida consagrada não parece ser uma questão pessoal, mas "um papel eminentemente pedagógico para todo o Povo de Deus" (*Partir de Cristo*, n. 1).[56]

Desse modo, tomar Cristo como modelo de comunicador significa fazer próprio o seu método comunicativo na sua essência profunda, certamente, não nos seus modos concretos. Significa tornar próprio o objetivo redentor que motivou toda a existência terrena de Jesus. Significa, enfim, orientar nessa direção o exercício da liderança dentro das comunidades.

---

[56] "À imitação de Jesus, os que Deus chama para o seu seguimento são consagrados e enviados ao mundo para continuar-lhe a missão. Ou melhor, a própria vida consagrada, sob a ação do Espírito Santo, faz-se missão. Quanto mais os consagrados se deixam conformar com Cristo, tanto mais o tornam presente e operante na história para a salvação dos homens" (*Partir de Cristo*, n. 9).

Recuperar a experiência comunicativa de Cristo

A instrução pastoral *Communio et progressio*, sobre a base dos fundamentos bíblicos, pôde definir Jesus Cristo como o *comunicador perfeito* (n. 11).[57] A comunicação de Jesus não foi simples manifestação dos pensamentos da mente ou expressão dos sentimentos do coração, mas verdadeira e profunda doação de si mesmo sob o impulso do amor: "A comunicação de Cristo é, realmente, espírito e vida" (n. 11).[58]

Não faltou quem pusesse esta afirmação em dúvida. Num artigo de 1984, por exemplo, Virgínia Stem Owens nega que Jesus tenha sido um comunicador perfeito, visto que suas palavras frequentemente eram ambíguas e as suas atitudes eram imprevisíveis, de modo que seus próprios discípulos às vezes não conseguiam compreender o ensinamento do mestre.[59]

Uma resposta exaustiva a essa provocação foi dada por M. Cristina Carnicella, que confirmou de novo a tese do *Cristo per-*

---

[57] PONTIFICIUM Consilium Instrumentis Communicationis Socialis Praepositum. *Instructio pastoralis "Communio et progressio"*, AAS 63 (1971) 593-656. Para o tratamento desta última parte, cf.: AMATO, A. Cristo, comunicatore del Padre, art. cit., pp. 54ss. Também as contribuições de: CARNICELLA, M. C. Cristo, perfetto comunicatore. *Ricerche Teologiche* 5 (1994) 207-226. La vita di Gesù come modello di comunicazione. *Ricerche Teologiche* 6 (1995) 191-211.

[58] Carnicella escreveu: "[...] a maior parte dos estudiosos que trabalha neste âmbito de pesquisa encontrou nesta definição, se não uma das principais novidades teológicas introduzidas pelo documento, pelo menos um dos modelos teológicos através dos quais realizar a tese de fundo de todo o documento, que é a de uma relação comunicação-comunhão, distintos entre si, mas correlatos no plano salvífico divino por uma relacionalidade de meio ao fim" (Cristo..., art. cit., p. 207). Cf. BARAGLI, E. Strumenti della comunicazione sociale. In: *Nuovo dizionario di teologia*. Alba (CN): Edizioni Paoline, 1977. pp. 1587-1588.

[59] Cf. STEM OWENS, V. Was Christ the "Perfect Communicator"? *Media Development* 4 (1984) 35.

feito comunicador.[60] Em Jesus Cristo se realizam, de fato, todos aqueles elementos que constituem o *processo comunicativo.*

Ele é, ao mesmo tempo, emissor, código, meio e mensagem. E nessa contemporaneidade, junto com o fato de que é a possibilidade realizada do fim último e máximo da comunicação, que é a comunhão, que se define o seu papel de "perfeito comunicador".[61]

Jesus não revelou um conjunto de verdades abstratas. A sua comunicação foi uma *comunicação interpessoal* plena e, ao mesmo tempo, informativa, apelativa e autocomunicativa.

É informativa à medida que transmite informações sobre Deus; é apelativa à medida que apela ao ser humano exortando-o, pedindo sua disponibilidade, convidando-o a uma aliança, a uma relação com Deus...; e é autocomunicativa à medida que é comunicação do Deus trino ao ser humano.[62]

Ora, é impossível desenvolver exaustivamente todos os aspectos que contribuem para definir a afirmação de Cristo como *comunicador perfeito.* Isso não isenta os consagrados e as consagradas de olhar para ele como modelo comunicativo na relação entre Deus e o ser humano e, portanto, como modelo "ideal" ao qual recorrer para elevar a qualidade comunicativa. Nessa perspectiva, três atitudes podem melhorar a comunicação dentro da vida consagrada: *partir da encarnação, tornar-se emissor* e *envolver-se na mensagem salvífica.*

---

[60]   Cf. CARNICELLA, M. C. Cristo..., art. cit.

[61]   Id., ibid. p. 214.

[62]   Ibid.

Partir da encarnação

Com a *encarnação* do Filho (cf. Lc 2,1; Jo 1,11; 2Cor 5,19; Gl 4,4; Ef. 3,8), Deus dá à humanidade inteira o suporte necessário, a fim de que seja possível baixar o nível de comunicação. Esta tem por finalidade tornar possível que o ser humano conheça Deus como amor através de todas as dimensões do ser humano.

A encarnação do Filho tornou possível a concretização, a visualização de tal experiência de amor infinito no homem-Deus pregado na cruz.

"Na encarnação do Filho, o Deus uno e trino entra numa situação limitada, finita. E não entra só enquanto ser humano, mas, assumindo em si a humanidade, torna automaticamente o ser humano participante da sua vida própria e eterna."[63]

Concretamente, os consagrados e as consagradas comunicam a encarnação[64] dentro dos diversos carismas de fundação, nos quais se torna visível o amor de Deus que se fez homem, que se comunica com o ser humano não desde o alto da sua transcendência ou desde a profundidade do seu mistério, mas desde baixo da sua humanidade.

O fato de que, com a encarnação, Deus se comunica pessoalmente, através do Filho único, permite que o ser humano "se eleve à esfera do divino e que Deus faça a experiência humana, exceto o pecado".[65] Partir da encarnação equivale a inventar estratégias

---

[63] Ibid. p. 215.

[64] "A unidade entre consagração e missão se fundamenta na teologia da criação e da encarnação e encontra a sua unidade em Cristo, o Verbo de Deus que se fez carne e veio habitar no meio de nós" (*Instrumento de trabalho*, n. 62). "A inculturação da vida consagrada encontra sua raiz na universalidade do Evangelho e no próprio mistério da encarnação de Cristo, que é luz para todas as nações" (*Instrumento de trabalho*, n. 93).

[65] FISICHELLA, R. La rivelazione: *evento e credibilità*. Bologna: EDB, 1985. pp. 330-331.

para uma promoção humana e cristã da existência; a criar em cada comunidade religiosa as condições para concretizar a ação divina,[66] para dar consistência profética à comunicação divina, mesmo se tal operação não deixa de ter dificuldade.[67]

---

[66] "[...] 'Para transmitir ao homem o rosto do Pai, Jesus teve não apenas de assumir o rosto do homem, mas de tomar inclusive o "rosto" do pecado'. [...] Ao longo da história da Igreja, as pessoas consagradas souberam contemplar o rosto doloroso do Senhor também fora de si mesmas. Reconheceram-no nos enfermos, encarcerados, pobres e pecadores. A sua luta foi, sobretudo, contra o pecado e as suas funestas consequências. O anúncio de Jesus: 'Convertei-vos e crede no Evangelho' (Mc 1,15) moveu seus passos pelas estradas dos homens, dando esperança de novidade de vida onde reinava desencorajamento e morte" (*Partir de Cristo*, n. 27).

[67] O discurso de João Paulo II *A todas as pessoas consagradas* é determinante. "Cristo vos 'escolheu do mundo', e o mundo precisa da vossa escolha, mesmo se, às vezes, dá a impressão de ser indiferente com respeito a ela e não lhe atribuir nenhuma importância. O mundo precisa do vosso 'esconder-vos com Cristo em Deus', mesmo se, às vezes, critica as formas da clausura monástica. Com efeito, exatamente por força desse 'esconder--vos' podeis, junto com os apóstolos e com toda a Igreja, assumir como própria a mensagem da oração sacerdotal do nosso Redentor: 'Como tu (Pai) me enviaste ao mundo, *também eu os enviei* ao mundo'. Vós participais desta missão, da missão apostólica da Igreja. Participais dela de um modo singular, exclusivamente vosso, segundo o vosso 'próprio dom'. Dela participa cada um e cada uma de vós, e participa tanto mais quando mais a sua vida 'está escondida com Cristo em Deus'. Aqui está a própria fonte do vosso apostolado. Este 'modo' fundamental do apostolado não pode ser *apressadamente mudado, conformando-se à mentalidade deste mundo*. Pois é verdade que frequentemente experimentais que o mundo ama 'o que é seu': 'Se fôsseis do mundo, o mundo amaria o que é seu'. De fato, é Cristo que vos 'escolheu do mundo', escolheu-vos para que 'o mundo se salve por meio dele'. Exatamente por isso não podeis abandonar o vosso 'esconder-vos com Cristo em Deus', porque isso é condição insubstituível, a fim de que o mundo creia no poder salvífico de Cristo. Esse 'esconder-vos', que deriva da vossa consagração, faz de cada um e de cada uma de vós uma pessoa *crível e límpida*. E isso não fecha, mas abre, ao contrário, 'o mundo' diante de vós. Com efeito, 'os conselhos evangélicos — como vos disse na exortação apostólica *Redemptionis donum* — na sua finalidade essencial servem à renovação da criação: o mundo, graças a eles, deve submeter-se ao ser humano e ser dado a ele, de modo que o próprio ser humano seja perfeitamente dado a Deus'".

Tornar-se *emissor*

Cristo é emissor da comunicação divina num sentido tríplice. Em primeiro lugar, na medida em que assume sobre si e faz sua a vontade do Pai e livremente aceita "esvaziar-se de si mesmo assumindo a condição de escravo" (cf. Fl 2,7). Segundo, na medida em que se "comunica" com os seres humanos através da sua pessoa. Em terceiro lugar, na medida em que é emissor através da sua pessoa encarnada em toda a humanidade com a instituição da Eucaristia e da Igreja, de modo a definir as formas para o desenvolvimento da revelação no tempo.[68]

Trabalhar para criar as condições de tornar-se *emissor*, equivale a sair de si mesmo, buscando as oportunidades para elevar a qualidade da comunicação: para comunicar-se com os outros de pessoa a pessoa,[69] é certamente um objetivo determinante. Cristo,

---

[68] Cf. CARNICELLA, M. C. Cristo..., art. cit., p. 217.

[69] "O respeito pela pessoa, recomendado pelo Concílio e pelos documentos posteriores, teve positiva influência na práxis comunitária. Contemporaneamente, porém, se difundiu com maior ou menor intensidade, segundo as várias regiões do mundo, também o individualismo, sob as mais diversas formas: a necessidade de protagonismo e a insistência exagerada no próprio bem-estar físico, psíquico e profissional; a preferência pelo trabalho independente e pelo trabalho de prestígio e de nome; a prioridade absoluta dada às próprias aspirações pessoais e ao próprio projeto individual, sem pensar nos outros e sem referências à comunidade. Por outro lado, é necessário buscar o justo equilíbrio, nem sempre fácil de alcançar, entre o respeito à pessoa e o bem comum, entre as exigências e necessidades de cada um e as da comunidade, entre os carismas pessoais e o projeto apostólico da comunidade. E isso, afastando-se tanto do individualismo desagregante como do comunitarismo nivelante. A comunidade religiosa é o lugar onde se dá a cotidiana e paciente passagem do 'eu' ao 'nós', do 'meu' empenho ao empenho confiado à comunidade, da busca de 'minhas coisas' à busca das 'coisas de Cristo'. A comunidade religiosa torna-se, então, o lugar onde se aprende cotidianamente a assumir a mentalidade renovada que permite viver a comunhão fraterna através da riqueza dos diversos dons e, ao mesmo tempo, impele esses dons a convergir para a fraternidade e para a corresponsabilidade no projeto apostólico" (*A vida fraterna em comunidade*, n. 39).

como *emissor*, ensina a assumir as responsabilidades próprias, ensina a agir de maneira conveniente, a não desperdiçar os dons pessoais e comunitários.

Quando a comunidade religiosa celebra a Eucaristia, de fato, estende essa comunicação,[70] revelando como

> a comunhão nasce justamente da partilha dos bens do Espírito, uma partilha da fé e na fé, na qual o vínculo de fraternidade é tanto mais forte quanto mais central e vital é o que se põe em comum. Essa comunicação é útil também para aprender o estilo da partilha que, depois, no apostolado, permitirá a cada um "confessar sua fé" em termos fáceis e simples, para que todos a possam entender e saborear (*A vida fraterna em comunidade*, n. 32).

Envolver na mensagem salvífica

Com a encarnação, Cristo não se limita a estabelecer simples relações entre Deus e os seres humanos. Se fosse assim, elas teriam desempenhado mais ou menos a mesma função que desempenharam os profetas.

Essas relações são a *Palavra mesma de Deus* que se fez *Carne*, e justamente porque o Verbo de Deus é o único que está em condições de exprimir o que em si é inexprimível. É o único em condições de reabrir um diálogo interrompido pelo pecado do ser humano.

No diálogo restabelecido, Jesus está contemporaneamente ao lado do ser humano diante do Pai, como homem e como Filho, junto

---

[70] "[...] A Eucaristia, por sua natureza, está no centro da vida consagrada, pessoal e comunitária. É viático cotidiano e fonte da espiritualidade do indivíduo e do Instituto. Nela, cada consagrado é chamado a viver o mistério pascal de Cristo, unindo-se com ele na oferta da própria vida ao Pai, por meio do Espírito" (*Vita consecrata*, n. 95).

com toda a humanidade, e, ao mesmo tempo, está diante do ser humano como "modelo" ao qual cada ser humano deve referir-se e com o qual não pode deixar de confrontar-se.[71]

Deste modo, o diálogo se apresenta como um desafio interpelante, que pede uma resposta urgente, a qual poderia ser também uma recusa. A mensagem é de tal modo levada a sério que Deus, em Jesus, não teme correr nem sequer este risco. De fato, Cristo não é apenas aquele que fala de Deus, não é somente aquele que leva a mensagem, ele mesmo é, em todo o seu ser, a Palavra de Deus que se fez um de nós, a própria mensagem encarnada num homem.

A comunicação de Cristo é comunicação, ao ser humano, da vida eterna que o próprio Cristo recebe do Pai.[72] É busca de todos os meios para salvar o ser humano.[73] Os consagrados e as consagradas não podem evitar tal obrigação, [74] pois eles,

---

[71] CARNICELLA, M. C. Cristo..., art. cit., p. 218.

[72] Id., ibid. pp. 219-220.

[73] "Todo encontro ou diálogo no Evangelho tem um significado vocacional: quando Jesus anda pelos caminhos da Galileia, é sempre enviado pelo Pai para chamar o ser humano à salvação e despertar nele o projeto do próprio Pai. A Boa-Nova, o Evangelho, é justamente esta: o Pai chamou o ser humano através do Filho no Espírito, chamou-o não só para a vida, mas também para a redenção, e não só para uma redenção merecida por outros, mas também a uma redenção que o envolve como primeira pessoa, tornando-o responsável pela salvação dos outros. Nesta salvação ativa e passiva, recebida e partilhada, está contido o sentido de toda vocação; está contido o próprio sentido da Igreja, como comunidade de crentes, santos e pecadores, todos 'chamados' a participar do mesmo dom e responsabilidade. É o Evangelho da vocação" (*Novas vocações para uma nova Europa*, n. 31).

[74] Em referência ao compromisso de "negociar a mensagem de Cristo", cf.: *Religiosos e promoção humana*, n. 2. *Redemptionis donum*, n. 14. *Mensagem*, n. VI. Sobre o papel de Cristo no mistério redentivo: *Evangelica testificatio*, n. 52. *Redemptionis donum*, nn. 3, 6, 8, 10, 14, 15, 16. *Elementos essenciais...*, nn. 2, 23, 55.

As três coordenadas da comunicação: revelação, aliança e profecia

em virtude da sua vocação, estão intimamente ligados com a redenção. Na sua consagração a Jesus Cristo, são um sinal da redenção realizada por ele. Na economia sacramental da Igreja, são instrumento que comunica essa redenção ao Povo de Deus, justamente por força da vitalidade que se irradia da existência a partir de sua vivência em união com Jesus. Ele continua a repetir a todos os seus discípulos: "Eu sou a videira, vós sois os ramos". Os religiosos levam o Povo de Deus em contato íntimo com a redenção mediante o testemunho evangélico e eclesial oferecido por eles como mensagem de Jesus através da palavra e do exemplo. A comunhão com as suas igrejas locais e com a Igreja universal tem uma eficácia sobrenatural em virtude da redenção. A sua importante contribuição para a comunidade eclesial sustenta esta última na vida e na perpetuação do mistério da redenção de modo particular.[75]

O empenho de comunicar a mensagem salvífica de Cristo não é uma ação individual do religioso e da religiosa particulares, mas é uma obrigação de toda a comunidade, é um *sinal* particular do mistério da Redenção, que não pode faltar na vida

---

[75] Sempre em *Elementos essenciais...* [n. 1], afirma-se que, "mediante a sua forma particular de consagração, os religiosos estão necessária e intimamente ligados à missão de Cristo. Como ele, são chamados para os outros: sendo totalmente tomados pelo amor do Pai, estão, por isso mesmo, inteiramente entregues à obra salvífica de Cristo, em favor dos seus irmãos e das suas irmãs. Isto é verdadeiro para todas as formas de vida religiosa" (n. 24). "Os Evangelhos dão testemunho a Cristo da fidelidade com que satisfez a missão para a qual o Espírito o tinha consagrado. Missão de evangelização e de redenção que o conduziu a viver com o seu povo, partilhando as vicissitudes, que ele todavia iluminava e orientava, pregando e testemunhando o Evangelho de conversão ao 'Reino de Deus'. A sua perturbante proposta das 'bem-aventuranças' introduziu radical renovamento de perspectiva na apreciação das realidades temporais e nas relações humanas e sociais, que ele queria centradas numa justiça-santidade animada pela nova lei do Amor. As suas opções de vida assinalam e purificam particularmente os religiosos, que tornam própria a mesma forma de vida que o Filho de Deus abraçou quando veio ao mundo" (*Religiosos e promoção humana*, n. 17).

eclesial.[76] Seguir e imitar Cristo "mais de perto", manifestar "mais claramente" o seu aniquilamento, significa encontrar-se "mais profundamente" presente, no coração de Cristo, dos próprios contemporâneos. Nessa perspectiva, Cristo é também *meio* através do qual se cumpre o processo comunitário entre Deus e o ser humano, quer enquanto Palavra de Deus feita carne, quer enquanto imagem do Pai.

A tese de McLuhan sustenta que *Jesus-meio* não é só o seu ser palavra ou o seu corpo físico, mas toda a sua própria existência. Isso implica o seu pôr-se em relação com os outros, o seu modo de vestir, o seu modo de falar, a sua atitude para com os sofredores e o seu modo de propor os valores paradoxais do Reino, o seu silêncio em determinadas ocasiões.[77] As palavras seguintes do documento de preparação ao IX Sínodo sobre a vida consagrada lembram esta presença de *Cristo no meio* da humanidade:

> A vida consagrada na Igreja, a sua variedade carismática e a sua riqueza apostólica constituem uma particular presença do Verbo Encarnado, Crucificado e Ressuscitado, o qual, através da ação do Espírito Santo nos Fundadores e nas Fundadoras, quis manifestar, com os diversos carismas, um aspecto do Evangelho, a força de

---

[76] Afirma-se, em *A vida fraterna em comunidade*: "Também por isso a Igreja dá tanta importância à vida fraterna das comunidades religiosas: quanto mais intenso é o amor fraterno, maior é a credibilidade da mensagem anunciada, mais perceptível é o coração do mistério da Igreja-sacramento, da união dos homens com Deus e dos homens entre si. Sem ser o "tudo" da missão da comunidade religiosa, a vida fraterna é um de seus elementos essenciais. A vida fraterna é tão importante quanto a ação apostólica. Não se pode, pois, invocar as necessidades do serviço apostólico para admitir ou justificar uma vida comunitária medíocre. A atividade dos religiosos deve ser atividade de pessoas que vivem em comum e que informam de espírito comunitário seu agir, que tendem a difundir o espírito fraterno com a palavra, a ação e o exemplo" (n. 55).

[77] CARNICELLA, M. C. Cristo..., art. cit., p. 221.

uma sua palavra, a riqueza de algum mistério seu, para que, no Corpo Místico, resplandeça a sua graça multiforme. As diversas experiências e formas de vida consagrada são carismas do único Espírito, fragmentos do único Evangelho, palavras da única Palavra que é o Verbo, diversos modos de tornar presente no tempo e no espaço o único mistério do Senhor. Por isso, também hoje, uma particular e harmônica comunhão dos Institutos na Igreja pode e deve contribuir para melhor exprimir a plenitude e a riqueza de Cristo, sempre presente com a sua graça e o seu poder no nosso mundo (*Lineamenta para o Sínodo de 1994*, n. 46).

Escolher Cristo como código e decodificador *para uma* comunicação-comunhão

Cristo não é apenas o ponto de encontro entre o plano divino e o plano humano, é também a possibilidade de realizar um processo de *transcodificação* do pensamento divino no nível da linguagem humana. Portanto, o Filho, como Deus que assume a natureza humana, na medida em que é quem permite a passagem do nível divino ao nível humano, é ao mesmo tempo o *codificador* e o *código* escolhido por Deus para a comunicação com o ser humano.[78]

A consagração religiosa é o *código* que "evoca o fato de a Pessoa divina do Verbo assumir a natureza humana" (*Instrumento de trabalho*, n. 49). Tal presença é, para o religioso e a religiosa, o *codificador* através do qual comunicar a opção de Cristo, a dedicação de si mesmo a Deus, segundo um modo que só ele torna possível e que testemunha a sua santidade e o seu absoluto (*Instrumento de trabalho*, n. 49).[79]

---

[78] Id., ibid. pp. 222-223.

[79] Nessa perspectiva, *Elementos essenciais...* afirma ainda: "Esta expressão em plenitude exige o auxílio da pessoa divina do Verbo, sobre a natureza

Desse modo, Jesus é o *código* que permite a transmissão da informação autêntica entre os seres humanos. Cada expressão do Evangelho é critério de verdade para o ser humano e como se fosse o único parâmetro de referência.[80] Jesus é a possibilidade de uma comunicação autêntica entre Deus e o ser humano, a garantia de uma tradução perfeita da vontade divina e do amor divino em termos humanos.

Ao mesmo tempo, porém, como pessoa divina encarnada num homem que fala aos outros seres humanos, ele é também *decodificador* da mensagem do Pai.[81] Ele é a "cifra" que permite que o ser humano interprete o Pai: "Ninguém jamais viu a Deus;

---

humana que ele assumiu, e convida a dar uma resposta semelhante àquela que foi dada por Jesus: um dom de si mesmo a Deus a ponto de só ele poder tornar possível e que seja um testemunho dado à santidade e ao absoluto de Deus. Tal consagração é um dom de Deus: uma graça dada de maneira gratuita" (n. 7). Por sua vez, no *Instrumento de trabalho* para o IX Sínodo há uma extensão dessa ideia: "Para imitar a Cristo, que assumiu a natureza humana, a vida consagrada deve percorrer um caminho de aproximação das culturas para acolher os valores, para expandir-se e dar frutos novos. Desse modo poderá fazer brilhar em todas as nações o mistério de Cristo 'no qual estão escondidos todos os tesouros da sabedoria e da ciência'. O processo de inculturação deve realizar-se na linha da *kénosis* de Cristo Jesus até o dom da vida, de modo que, indo ao encontro das pessoas diferentes por cultura e mentalidade com amor e respeito, possa ser levado o anúncio do Evangelho, que é salvação para todos. É obrigação primordial proclamar o Evangelho da salvação em outras civilizações e culturas, apresentando-o no seu radicalismo, propondo odres novos quando os velhos não são capazes de conter o vinho novo" (n. 93).

[80] Também para os consagrados e as consagradas, há "o empenho de viver o Evangelho que se prega, encarnando-o na vida pessoal e comunitária, para que o anúncio da Boa-Nova seja apoiado pela própria força do testemunho evangélico. Os consagrados tanto mais serão evangelizadores, como que por irradiação e contágio da luz e do calor da verdade e da caridade de Cristo, quanto mais forem, com a sua vida, testemunhas do Evangelho que professam" (*Lineamentos para o Sínodo de 1994*, n. 42).

[81] CARNICELLA, M. C. Cristo..., art. cit., p. 223.

o Filho único, que é Deus e está na intimidade do Pai, foi quem o deu a conhecer" (Jo 1,18).

Decodificador em dois sentidos: na medida em que, por um lado, está em condições de oferecer ao ser humano a *chave de leitura* para poder entender plenamente a mensagem divina; mas também, e talvez em sentido mais pleno, na medida em que está em condições, através da *sua pessoa e da sua mensagem*, de fazer os seres humanos captarem o verdadeiro sentido de sua vida e do seu ser.

Jesus se impõe à atenção das pessoas como alguém incômodo. Os seus discursos não são familiares, vão contra os esquemas tradicionais. Esse fato não atenua o interesse pela sua palavra e pelo seu comportamento (cf. Mc 6,2-3; 8,27; 6,15; 15,2). Os ouvintes tentam *decodificar* o seu comportamento, mas nem sempre conseguem entrar "dentro" da mensagem; só os que encontraram a *chave decodificadora* certa conseguirão captar plenamente os conteúdos.

Entender quem é Cristo, aceitar o seu projeto de vida, envolve antes de tudo confrontar-se com ele, colocar a própria vida "dentro" da sua Palavra.

Isto significa desmascarar a comunicação oficial do "mundo", que é uma falsa comunicação (ideologia) (para são João, mundo significa, de preferência, a ordem estabelecida). Jesus desarma e desmente as linguagens vigentes (religiosa, política...) desmascarando as intenções de quem pretende interpretar a mensagem de Deus deformando-a para os seus próprios interesses.[82]

A esta altura, a encarnação significa a coragem de romper com o passado, de modo particular com os códigos comunicativos que ritmaram a existência; significa a força de decidir viver

---

[82] Id., ibid. p. 224.

para Deus, superando as ideias construídas, através do *código* Cristo, para ler a realidade humana na ótica divina. É uma operação que leva a uma *comunicação-comunhão* entre emissor (Cristo) e receptor (crente). É uma meta de *natureza escatológica*, que compromete pela vida toda e que se realiza unicamente graças ao processo de incorporação em Cristo.

Nessa linha, também a vida consagrada, além de exprimir, no seguimento, o mistério de Cristo, é chamada a comunicar a *dimensão escatológica*,[83] como "sinal luminoso do Reino dos Céus" (*Perfectae caritatis*, n. 1), que pode e deve atrair eficazmente todos os membros da Igreja para realizar com empenho os deveres da vocação cristã e orientar-se para os bens celestes já presentes neste mundo. Pois ela dá testemunho da vida nova e eterna adquirida pela redenção de Cristo e melhor "preanuncia a ressurreição futura e a glória do Reino Celeste" (*Lumen gentium*, n. 44).

Cristo não comunicou só ideias ou sentimentos ou modos de comportamento, comunicou também a si mesmo como Palavra e fonte de vida na instituição da Eucaristia e da Igreja. Nessa comunicação, aparece claramente como a *comunhão eucarística* é o lugar caro a Deus em Jesus, no qual morar com a humanidade. É um grau de comunicação que supera todos os limites.

Trata-se de uma comunicação que supera a desconfiança, os temores e os egoísmos (1Cor 11,17-33). Supera a distância entre terra e céu (Mt 24,27-28). Supera as distâncias entre gerações e entre as diversas épocas históricas (Mt 22,10; 1Cor 11,25) e supera o abismo entre o tempo e a eternidade (Jo 6,49-51; 6,54; 6,58). A comunicação eucarística se revela como um mistério

---

[83] A exortação apostólica *Christifideles laici* afirma: "[...] O estado religioso testemunha a índole escatológica da Igreja, isto é, a sua tensão para o Reino de Deus, que é prefigurado e, de certo modo, antecipado e pregustado nos votos de castidade, pobreza e obediência" (n. 55).

de comunicação tão profunda que transforma um conjunto de corpos nos membros do único corpo de Cristo (1Cor 12,12-30) e harmoniza a diversidade dos espíritos num mesmo espírito.[84]

Escolher Cristo como *código* e como *decodificador* tem como objetivo criar condições para fazer da *comunicação* a experiência permanente da *comunhão* com Cristo. Nesse sentido, é também uma aliança de mútuo amor e fidelidade, de comunhão e missão estabelecida para a glória de Deus, a alegria da pessoa consagrada e a salvação do mundo. Paulo, na Carta aos Filipenses (2,2-5), também está convencido desta *comunhão-comunicação*. Escreve:

> [...] completai a minha alegria, deixando-vos guiar pelos mesmos propósitos e pelo mesmo amor, em harmonia buscando a unidade. Nada façais por ambição ou vanglória, mas, com humildade, cada um considere os outros como superiores a si e não cuide somente do que é seu, mas também do que é dos outros. Haja entre vós o mesmo sentir e pensar que no Cristo Jesus.

Uma meta que perturba, pois toda referência a Jesus como *perfeito comunicador* comporta a aceitação de um modelo que não entra em nenhum esquema e que não pode ser definido, encerrado e expresso plenamente através de nenhum parâmetro tipicamente humano. É uma comunicação que se conota pela sua unicidade e irrepetibilidade,

> à medida que os elementos que constituem o processo comunicativo, em vez de se dispersarem na diversidade das funções, aumentando assim os riscos das possibilidades de distúrbio no processo, como acontece no caso de comunicações entre homens, convergem e se condensam num único ato, no qual é perfeitamente marcado o

---

[84] CARNICELLA, M. C. Cristo..., art. cit., p. 225.

ritmo triádico da vontade trinitária, porém na perfeita sincronia de vontade e de intenções.[85]

Falar de Cristo como *perfeito comunicador* é confrontar-se com o Mistério de um Deus que ama tanto o ser humano que entrou em relação com um ser finito e pecador, que quis a sua salvação; com o mistério de uma relacionalidade que está em condições de levar Deus do nível divino ao nível humano e o ser humano do nível humano ao nível divino; com o mistério de uma comunicação tão profunda e tão intensa que se transforma em doação total de si e em comunhão de vida eterna.

Falar de Jesus Cristo como *perfeito comunicador* é tomar nota do fato de que "tudo o que Deus devia dizer ou dar ao mundo encontrou espaço neste homem".[86]

Aplicar a pedagogia comunicativa de Jesus

É surpreendente descobrir nos relatos evangélicos sobre Jesus que os "seres humanos vêm à luz assim como são na realidade".[87] Na sua comunicação, Jesus tem uma "fantasia criadora" própria sua e não usa "esquemas pré-fabricados".[88] De fato,

> no seu modo de falar e de agir, no tratamento que usa com os diferentes estratos sociais, ele nunca enquadra as pessoas em esquemas pré-fabricados. Respeita cada um em sua originalidade: o fariseu como fariseu, os escribas como escribas, os pecadores

---

[85] Id. Comunicazione. In: LATOURELLE, R.; FISICHELLA, R. (Ed.). *Dizionario di teologia fondamentale.* Assisi (PG): Cittadella, 1990. p. 203.

[86] BALTHASAR, H. U. von. *Verbum caro.* Brescia: Queriniana, 1968. p. 104.

[87] FISICHELLA, R. *La rivelazione...*, cit., p. 59.

[88] BOFF, L. *Gesù Cristo liberatore.* Assisi (PG): Cittadella, 1973. p. 90. [Ed. bras.: *Jesus Cristo libertador.* 18. ed. Petrópolis: Vozes, 2003.]

As três coordenadas da comunicação: revelação, aliança e profecia

como pecadores, os doentes como doentes. A sua reação é sempre surpreendente: para cada um ele tem a palavra certa ou o gesto correspondente.[89]

Nesta altura, é interessante destacar que a pedagogia comunicativa de Jesus fica fora de toda "normalidade".[90] Anuncia a vida do *Reino*, mas o Reino do qual fala é completamente diferente de toda visão e expectativa dos seus contemporâneos. O Reino do qual Jesus fala não é o Reino das expectativas apocalípticas judaicas, não é um reino político. É um reino no qual são acolhidos os miseráveis, os desamparados, os excluídos... é um reino no qual os menores serão os maiores.

Também a *pregação* de Jesus surpreende os ouvintes: "Ninguém nunca falou como este homem". É a admiração por um discurso novo, mas ao mesmo tempo envolvente, que penetra na profundeza, não só pela novidade, mas também pelos conteúdos verídicos.

Jesus traz à luz o que os seres humanos sempre souberam ou deveriam ter sabido e que, por causa do pecado, não conseguem mais captar com clareza, menos ainda realizar. Uma das modalidades para alcançar esse objetivo é aquela de *fazer perguntas*.

"Jesus se serve das perguntas. Aceita as perguntas e as faz a fim de que, através da pergunta, o outro se defina e tenha a liberdade de tomar uma decisão sobre o problema que foi colocado e, por conseguinte, sobre o próprio destino."[91]

Quem é o meu próximo? é uma pergunta extremamente teórica, à qual Cristo responde muito concretamente não com um discurso, mas recorrendo à parábola do bom samaritano.

---

[89] Id., ibid. p. 93.

[90] CARNICELLA, M. C. *La vita di Gesù modello di comunicazione*, art. cit., p. 200.

[91] Id., ibid. p. 201.

E dessa parábola, em vez de uma resposta, nasce outra pergunta: *quem se tornou próximo daquele que caiu nas mãos dos ladrões?*, e é desta segunda pergunta que surge a resposta: *Este é o teu próximo* (Lc 10,27-37).[92]

As perguntas obrigam a pessoa a encontrar sozinha uma resposta para suas inquietações, mas, sobretudo, têm a finalidade de definir a perspectiva correta na qual o problema deve ser analisado.[93] Jesus quer provocar um confronto, pede uma resposta pessoal, não aceita discursos aleatórios ou evasivos. Em outros casos, a pergunta é puramente retórica. Outras vezes, na pergunta já está contida a resposta.

A pergunta colocada na boca de Jesus se torna o instrumento através do qual conduzir gradativamente o receptor num horizonte comunicacional completamente diferente, ao se dar conta de que os seus pressupostos comunicativos são viciados de partida e que, por isso, sem se quer chegar ao núcleo do problema, é oportuno abrir-se a uma dimensão de pensamento diferente. Especialmente no evangelho de João, a salvação chega ao ser humano sempre através do diálogo: no milagre de Caná, no encontro com Nicodemos, na conversa com a samaritana, na cura do cego de nascença. Desse modo, Jesus consegue transformar receptores passivos, habituados a repetir o que lhes é dito e a deixar que as autoridades e as tradições se imponham na sua vida, em receptores críticos, livres, criadores e, depois, por sua vez, comunicadores.[94]

---

[92] Encontramos o mesmo método em Lc 10,25-28, a respeito do doutor da lei que pergunta "como obter a vida eterna".

[93] Cf. MARTÍNEZ-DÍEZ, F. *Teología de la comunicación*. Madrid: BAC, 1994. p. 166. Citado por: CARNICELLA, M. C. *La vita...*, art. cit., p. 201.

[94] TERRERO, J. M. *Comunicación grupal liberadora*. Buenos Aires: Paulinas, 1986. pp. 226-228. [Ed. bras.: *Comunicação grupal libertadora*. São Paulo, Paulus, 1988.] Citado por: CARNICELLA, M. C. *La vita...*, art. cit., pp. 201-202.

Na sua comunicação, Jesus usa também o *paradoxo*. É uma forma linguística utilizada com a finalidade de obrigar o receptor "a pensar". Trata-se de uma frase lançada diretamente, que, pelo fato de ir contra toda lógica comum, atinge de improviso aqueles que são considerados a base do modo de ver dos receptores.

Jesus *não explica o paradoxo*, pois sua intenção é suscitar a interrogação sobre o porquê de uma semelhante afirmação. Apenas se o ser humano interrogar-se e procurar uma resposta partindo do zero e não confiar nas respostas pré-fabricadas que lhe são oferecidas pelo contexto social, só neste caso está em condições de perceber a lógica do paradoxo. Eis alguns exemplos de paradoxos evangélicos:

> Eu vim a este mundo para um julgamento, a fim de que os que não veem vejam, e os que veem se tornem cegos (Jo 9,39).

> Não penseis que vim trazer paz à terra! Não vim trazer paz, mas, sim, a espada. De fato, eu vim pôr oposição entre o filho e seu pai, a filha e sua mãe, a nora e sua sogra; e os inimigos serão os próprios familiares (Mt 10,34-36).

> Quem se faz pequeno como esta criança, esse é o maior no Reino dos Céus (Mt 18,4).

As palavras de Jesus querem provocar uma crise, querem obrigar a pessoa a fazer uma opção, a tornar públicos os compromissos por uma escolha radical. O caminho que Jesus indica é para o amadurecimento e crescimento da pessoa, a fim de que quem aceitar a sua comunicação parta do seu ser pecador e chegue a ser "filho de Deus".[95]

A comunicação de Jesus ocorre sempre no interior de uma relação amigável. Pode-se dizer que a *amizade* é a sua nota característica, uma manifestação ulterior do seu amor pelos seres humanos.

---

[95] Id., ibid. p. 203.

A capacidade de *escuta* de Jesus é surpreendente. Ele tem sempre uma atitude acolhedora, respeitosa para com o outro. Na sua essência, os evangelhos são avaros em referências às pequenas coisas que fazem parte do dia-a-dia da vida de Jesus, mas de vez em quando deixam escapar indicações, as quais, exatamente por serem raras, são mais preciosas.

A comunicação se dá também no nível físico-corpóreo. Os evangelhos sublinham várias vezes que Jesus se senta à mesa com os pecadores (Mt 9,10; Lc 5,29-32; Mc 2,15), hospeda-se nas casas deles (Lc 19,5-6), mostrando a sua admiração pela fé do centurião (Mt 8,10; Lc 7,9), a sua compaixão pela multidão (Mt 9,36), os seus olhares de indignação e a sua tristeza diante da dureza do coração humano (Mc 6,6).

A estima que demonstra para com as mulheres é absolutamente singular para um homem daquele tempo (Jo 4). Jesus não acredita que a pobreza e a doença devam ser consideradas punições divinas. Antes, é exatamente aos pobres e aos doentes que mostra predileção.

> Poderemos quase dizer que a forma mais genuína de comunicação que Cristo estabelece com os seus interlocutores está na "relação" que mantém com eles. Relação que não se exprime só nas palavras que trocam entre si, mas no "acolhimento" recíproco e na "disponibilidade". Ele pratica a *empatia*: acolhe a dor, a tristeza, as inquietações, as necessidades daqueles com os quais entra em comunicação. Percebe e respeita o quadro de referência interna dos seus interlocutores, mas ao mesmo tempo dirige a sua atenção para o novo horizonte de referência. Abre-os, ainda que mantendo o seu ponto de partida, para possibilidades novas. Oferece uma imagem completamente inédita da sua vida.[96]

---

[96] Ibid. p. 204.

As palavras de Jesus têm a finalidade de fazer subir à superfície, gradativamente, às vezes, as necessidades "profundas" daqueles que estão ouvindo (cf. Lc 5). Mostra que sabe perfeitamente, por exemplo, que toda pessoa é habitada por uma sede irrefreável de vida, de estar bem. É clássica a pergunta do jovem rico: "Mestre, que devo fazer de bom para ter a vida eterna?" (Mt 19,16).

Ninguém é excluído por Jesus, todos experimentam uma acolhida total. Assim, ensina ao ser humano que a verdadeira comunicação está na coerência entre o dizer e o fazer. A sua mensagem de amor não é feita só de palavras, mas encontrou forma concreta e perceptível em toda a sua vida e na sua pessoa, e, sobretudo, torna-se sinal para toda a humanidade no Deus-homem-pregado na cruz (cf. Mt 27,33; Mc 15,22; Lc 23,33; Jo 19,17).

Finalmente, registremos que Jesus recorre, frequentemente, na sua pregação, às *parábolas*. Por um lado, elas são o chamado à realidade; por outro, uma provocação. Faz isso diante das pessoas que têm preconceitos ou um modo diferente de pensar. Nesse sentido, as parábolas se tornam instrumento de diálogo em que o diálogo não seria possível.

Ao analisar o agir comunicativo de Jesus à luz dos evangelhos, a pedagogia comunicativa confirma que o Filho de Deus é um modelo de comunicação, um modelo com o qual comparar o próprio agir comunitário.

Conclusão

No final desta análise, é claro que os consagrados e as consagradas não podem subestimar o valor da comunicação, não só para qualificar a vida fraterna e a vida apostólica, mas para concretizar os numerosos desafios que apresentamos.

Reconsiderar o valor da *palavra* como veículo comunicativo por excelência, purificá-lo das incrustações do tempo e utilizá-lo para melhorar as relações internas e externas é, certamente, o primeiro passo a dar.

Aceitar que a *comunicação divina* e *escrita* pode fundamentar a existência consagrada, a fim de transferir para o cotidiano as suas numerosas solicitações, é dar consequencialidade à *Palavra de Deus*, continuamente oferecida para sustento espiritual e apostólico.

Imitar o estilo *comunicativo de Cristo* é ter não só um modelo concreto, mas também a consciência de que Deus Pai quis, no Filho, dar à humanidade um caminho a percorrer.

2

O superior, comunicador eficaz

Giuseppe Crea

Não se pode viver sem comunicação e sem interação com as outras pessoas. A gente nasce, vive, ama, trabalha em contextos interpessoais em que a necessidade de relações se realiza através da comunicação e da relação com os outros. É preciso tempo e perseverança para alcançar um bom nível de comunicação. É necessário, sobretudo, uma atmosfera relacional, na qual é possível tecer as relações positivas e propositivas para estar bem juntos e para dialogar de boa vontade, para poder entender-se e compreender-se reciprocamente.

Fazemos esta experiência todos os dias, em particular no contexto das comunidades religiosas, a saber: dialogamos de boa vontade com uns, mas com outros não; com alguns se gostaria que a conversa nunca acabasse, com outros não se gostaria sequer de iniciá-la. O motivo é dado pelo clima relacional diferente que os comunicantes, na interação, constituem com o modo de um estar diante do outro, com o estilo com que falam, escutam, reagem, respondem, olham.[1]

---

[1] CIAN, L. *La relazione d'aiuto*. Leumann (TO): Elle Di Ci, 1994. p. 15.

Cada um de nós tem dentro de si uma realidade pessoal feita de valores, sentimentos, emoções, experiências que gostaríamos de partilhar com os outros. O diálogo floresce lá onde nos apercebemos desse "modo diferente" de que o outro é portador, dessa alteridade que cada um de nós quer partilhar, aí onde existem as condições indispensáveis para tal partilha de amor e de respeito recíproco. A comunicação e a escuta se realizam quando a diferença entre mim e o outro se dá na sua plenitude, quando há um "eu" e um "tu" que se conhecem reciprocamente, conhecem as próprias diferenças, sentem alegria quando é possível partilhá-las, mas também frustração quando se apercebe que tais diferenças não correspondem às expectativas próprias e são postas numa relação dialógica.

Quando, porém, a comunicação está centrada apenas nos interesses ou necessidades próprios, sem essa ponte transacional com o outro, deixa de ser um diálogo e permanece um monólogo estéril, em que estão presentes sensações desagradáveis, como o desejo de dominar ou o medo de ser dominado, sentimentos de intolerância, de menosprezo, de prevaricação, de ciúme, de passividade, de busca de dependência, de domínio, de não-aceitação recíproca ou de consideração negativa que interferem pesadamente ao longo de todo o processo da comunicação, até criar um filtro manipulativo com o qual tendemos a interpretar a mensagem do outro segundo a nossa ótica pessoal.

Os sentimentos negativos que acompanham a comunicação nos induzem a distorcer não apenas os conteúdos daquilo que o outro comunica, mas também a nossa própria relação. Eles, de fato, podem poluir a atmosfera relacional e a comunicação e estão na base de muitas dificuldades tanto para o indivíduo como para a comunidade. Por exemplo: quando, na comunicação interpessoal, há incoerência entre o que se diz e o que se vive, e as pessoas sentem a própria autoestima e a própria identidade comprometidas, e ativam sistemas defensivos que, a longo prazo, distorcem a comunicação e facilitam comportamentos relacionais não-autênticos e não-funcionais para a vida comum. Por isso,

> deve haver convergência entre a palavra, o seu significado e o gesto que a exprime. Não se pode dizer bom-dia a uma pessoa, ou trocar um sinal de paz, olhando o outro com uma atitude indiferente ou de modo apenas ritual, ou com um abraço e um aperto de mão fingidos. Palavra e intenção, olhar e gesto devem andar na mesma direção se se quer lançar eficazmente uma mensagem e não cair na babel das comunicações contraditórias ou, diretamente, da incomunicabilidade. Risco tanto mais alto quanto mais a comunicação é complexa e pluridimensional.[2]

A atenção à comunicação interpessoal tem um enorme poder nutritivo no contexto de uma comunidade. Quanto mais se comunica com o outro de maneira autêntica, tanto mais se alimentam e se intensificam comportamentos construtivos dentro do grupo. Conhecer o que acontece quando nos comunicamos com o outro permite que utilizemos a comunicação como ocasião de crescimento interpessoal. Para isso, é necessária uma educação apropriada à comunicação e à escuta, de modo particular para quem, como o superior de comunidade, tem o dever de facilitar no grupo o desenvolvimento de uma comunicação autêntica.

A sua presença e a sua ação se tornam particularmente eficazes porque permitem que as pessoas orientem os esforços por uma comunicação interpessoal sadia para os objetivos comuns da vida fraterna, mobilizando, assim, as energias e os recursos a fim de que todos sejam envolvidos para alcançá-los.

Neste capítulo queremos examinar alguns aspectos da comunicação interpessoal e referi-los de modo particular à ação

---

[2] MANENTI, A. *Vivere insieme*. Bologna: Edizioni Dehoniane, 1991. p. 71.

facilitadora de quem guia a comunidade. Todo superior e toda superiora é testemunha ativa e participante da comunicação do próprio grupo, assim como é testemunha ativa e participante dos comportamentos relacionais das pessoas que estão confiadas a ele ou a ela. Para isso, é importante conhecer as dinâmicas da comunicação humana, a fim de que as palavras trocadas correspondam sinceramente à vida de comunhão fundada no testemunho e na presença de Jesus.

Para uma relação positiva entre palavra e vida

No mundo de hoje, a comunicação assumiu um caráter significativo e abrangente de múltiplos aspectos do nosso sistema relacional. Para estarmos juntos, precisamos falar, comunicar-nos, transmitir mensagens. Neste tempo de multimídia, cada linguagem tem um canal privilegiado: do rádio aos celulares, da televisão via satélite às mensagens via internet. As nossas trocas comunicativas parecem atravessar mil canais e alcançar o seu alvo numa velocidade impressionante, fundamentadas na imediatez, para transmitir e para saber tudo e imediatamente.

Podemos conhecer o que acontece no outro hemisfério do planeta em um segundo, o tempo de apertar um botão. Ou podemos tornar conhecido o que está acontecendo à nossa volta no próprio momento em que acontece. É como se tivéssemos, finalmente, o poder de acabar com as dimensões que caracterizaram desde sempre a nossa modalidade de dizer e transmitir as mensagens comunicativas, dimensões como o espaço que há entre quem comunica e quem escuta, ou como o tempo necessário para veicular as mensagens entre as pessoas.

No entanto, neste tempo de mudanças vertiginosas que parecem subverter o campo da comunicação, há paradoxos impressionantes: quando tudo parece possível para obter uma comunicação imediata, quando a métrica da comunicação parece ter enquadrado todas as possíveis alternativas para codificar as mensagens, quando a nova lógica do mundo-aldeia parece ter reduzido as distâncias e o tempo às dimensões de uma tela de computador, quando as novas linguagens parecem ter abolido as distâncias físicas e geracionais, unificando tudo numa nova Torre de Babel que se eleva para os novos céus da eficiência e da globalização, eis que emergem as contradições das diferenças e dos narcisismos supraindividuais, em que cada um reserva um espaço para si, "a fim de viajar com os próprios projetos sem negociar com o outro".[3]

É como se, num mundo no qual as comunicações parecem clonadas num mesmo comprimento de onda para permitir que compreendamos tudo "imediatamente", perdêssemos o essencial de cada comunicação: a diversidade das mensagens comunicativas do outro. Preocupados em receber as inúmeras mensagens que nos bombardeiam diariamente, não conseguimos mais discernir aquele ou aquela que as envia, isto é, o outro, o diferente, o confrade e a coirmã que vivem na mesma comunidade, a mulher ou o marido que vive na mesma família, o morador da porta ao lado, a pessoa que encontramos diariamente, com a sua história e as suas diferenças, com o seu caráter e as suas neuroses.

Parece que de novo se repete a mesma história contada durante milênios: quando o ser humano pensa finalmente possuir o infinito, conhecer "o bem e o mal" (Gn 3,6), chegar até o céu (Gn 11,4), eis que descobre a outra face da moeda: apercebe-se de que está nu (Gn 3,7), separado, diferente, frágil, disperso e peregrino (Gn 11,8). Mas ainda criatura em relação, filho de uma promessa que se realiza na medida em que "colhe e acolhe" as

---

[3]   NITTO, C. de. Responsabilità comunitarie e narcisismo nel processo di globalizzazione. *Psicologia, Psicoterapia e Salute* 8 (2002) 143.

maravilhas do outro diferente de si, do outro que o acompanha nesta nova comunicação, do *Totalmente Outro*, porque totalmente apaixonado por nossa humanidade.

Nas comunidades religiosas, somos chamados a refazer esse itinerário de conversão recíproca, de conhecimento e de redescoberta do irmão e da irmã, que vivem juntos sob o mesmo teto e com um mesmo projeto de vida comum. "Para se tornar irmãos e irmãs, é necessário conhecer-se. Para se conhecer, é imprescindível comunicar-se de forma mais ampla e profunda."[4] Dentre as muitas comunicações que caracterizam os nossos discursos e ecoam pelos corredores de nossas casas religiosas, somos convidados a aceitar a comunicação que nos enriquece, que constrói o "nós comum", que nos faz transcender as diversidades das mil vozes para harmonizá-las numa sinfonia comum.

Neste perseguir de palavras queremos preparar-nos para discernir e acolher aquelas que pertencem ao outro, para avaliá-las de modo novo e profundo, para compará-las com a verdade que o outro representa para mim, para amá-lo com todo o coração renovado pelo amor de Cristo.

Essas são algumas indicações úteis que ajudam a pôr em relação a palavra e a vida real de quem a pronuncia.

Para uma comunicação que envolve

Quando as pessoas entram em relação entre elas e se comunicam, acrescentam às suas palavras também o significado de seu comportamento recíproco. É uma espécie de ponto de partida fundamental de todo processo comunicativo e da organização social, para o qual "o comportamento, e não apenas o discurso,

---

[4] *A vida fraterna em comunidade*, n. 29.

é comunicação, e toda a comunicação — até mesmo os sinais do contexto interpessoal — influencia o comportamento".[5]

Com essa abordagem da comunicação são considerados os fenômenos comunicativos no contexto de um processo interativo e multidirecional (do transmissor ao receptor e de volta), em que os interlocutores estão presentes como pessoas importantes por aquilo que dizem e por aquilo que fazem, e os seus atos comunicativos adquirem significado como resultado da sua interação, expressão de uma complexa rede de relações composta de elementos que são funcionalmente interdependentes. Nesse sentido, sublinhar a natureza relacional de toda experiência comunicativa equivale a entender o processo comunicativo não tanto como conjunto das palavras comunicadas, mas como integração das diferenças que as palavras põem em evidência na relação recíproca.[6]

Portanto, se o nosso comportamento relacional "tem valor de mensagem, ou seja, é comunicação, seja lá o esforço que se fizer, não se pode *não* comunicar".[7]

A palavra como lugar de encontro para construir relações sadias

A comunicação favorece o encontro entre pessoas, permite que elas se socializem saindo do isolamento e dispondo-as ao diálogo, e faz dos seres humanos pessoas participativas. Assim, satisfaz-se a necessidade de estar com os outros, de buscar os

---

[5] WATZLAWICK, P.; BEAVIN, H. J.; JACKSON, D. D. *Pragmatica della comunicazione*. Roma: Astrolabio, 1971. p. 15.

[6] CUSINATO, M. *Psicologia delle relazioni familiari*. Bologna: Il Mulino, 1988. p. 271.

[7] WATZLAWICK, P.; BEAVIN, H. J.; JACKSON, D. D. *Pragmatica della comunicazione*, cit., p. 42.

outros para desenvolver juntos a colaboração, a solidariedade e o respeito recíproco, satisfazendo as necessidades intrapessoais e interpessoais que fazem parte de toda existência autenticamente humana.[8]

Na comunicação comunitária, é possível constatar que uma mensagem não transmite apenas informações, mas, paralelamente, propõe um comportamento dialógico entre os interlocutores. "A comunicação não é um processo linear, mas uma situação de interação na qual os participantes influenciam e controlam reciprocamente os seus comportamentos."[9] Uma única mensagem, num primeiro nível, pode transmitir o aspecto informativo ou de notícia, representando o conteúdo da mensagem; num segundo nível, pode transmitir o aspecto de pedido, referido à relação entre comunicantes, quer dizer, fornece uma série de indicações sobre como interpretar a própria mensagem.[10]

Se o superior da comunidade tem de dizer: "Esta é a regra a seguir, e basta!", ou: "Estou brincando", não é indispensável que recorra à comunicação verbal, mas pode exprimir as mesmas mensagens através da comunicação não-verbal: no primeiro caso, resmungando; no segundo, rindo. Disso se segue que entre conteúdo das mensagens e processo relacional há um nexo informativo. Nós não somente comunicamos informações, mas também oferecemos dados ao outro para interpretar tais informações, como se fossem, enfim, instruções para a utilização da mensagem.

---

[8] MUCCHIELLI, R. *Communication et réseaux de communication*. Paris: Librairies Techniques, 1971. p. 35.

[9] FRANTA, H. *Comunicazione interpersonale*. Roma: LAS, 1981. p. 129.

[10] MYERS, E.; MYERS, M. T. *Les bases de la communication humaine*. Montréal, Chenelière, 1990. p. 20.

Quando esses dois aspectos — o de dar conteúdo e o da relação que se instaura através das trocas verbais — se harmonizam de modo congruente, pode-se entrar na realidade, no mundo, no tempo dos outros. Ao contrário, quando nos entrincheiramos numa comunicação estéril, dissociada da realidade relacional, corremos o risco de permanecer aprisionados no mundo dos próprios pensamentos, que primeiro se tornam importantes, depois proeminentes, em seguida persistentes e, enfim, fixos e obsessivos, não deixando espaço para a reciprocidade da comunicação, mas que transformam as nossas comunicações em contínuos monólogos.

Comunicar para "dizer" algo significativo

Toda comunicação é, antes de tudo, um modo de pôr-se em relação e, por isso, um "dizer-se" ao outro, "um ato excelentemente relacional profundo, que pressupõe um conteúdo e a vontade de comunicá-lo".[11] Cada palavra pronunciada é um instrumento relacional, porque é a voz de nós mesmos transmitida ao outro. Com as palavras nós nos descobrimos, revelamos parte de nós e permitimos que o outro faça o mesmo. "A existência, como toda outra realidade humana, por si mesma já é uma comunicação."[12]

Com a palavra trocada trocamos relações, fazemos com que o outro perceba algo de autêntico em nós e se relacione com a sua experiência pessoal do mundo, com a sua identidade, com os seus pensamentos, com as suas representações, com o seu mundo interior personalíssimo, que é acolhido e escutado por

---

[11] CIAN, L. *La relazione d'aiuto*, cit., p. 20.
[12] MANENTI, A. *Vivere insieme*, cit., p. 65.

todo aquele a quem dá permissão de entrar porque começa a "fiar-se" e a "confiar-se".

As coisas que dizemos dentro de uma comunidade são bonitas ou feias segundo o significado que lhes atribuímos. A comunicação é um trabalho relacional que serve para dar significado às relações recíprocas, ou seja, a fim de criar e modificar continuamente as nossas relações de modo significativo para as pessoas em interação. Com os significados atribuídos, as pessoas consentem em transformar as informações que são trocadas em informações significativas no contexto relacional. Esse ato significativo, que gera significados entre os interlocutores, também tem a função de reduzir a incerteza que às vezes se produz nas relações, quando as pessoas não sabem, não conhecem ou — pior ainda — não se conhecem.[13]

O significado de um acontecimento não é o mesmo para todos, exatamente porque cada um percebe, sente e vive de modo diferente as situações de cada dia. As pessoas vivem experiências diferentes e, com a comunicação, entram em contato com a diversidade do outro, passando pelo conhecimento de si e das próprias modalidades comunicativas. Na comunicação, tal autoconhecimento se traduz no conhecimento e na partilha dos significados atribuídos às palavras e às relações que se estabelecem entre os indivíduos.

Construir uma plataforma de compreensão recíproca

No início de cada relação com os outros, vemos as coisas de modo impreciso e indistinto. A palavra nos ajuda a concretizá-las e a defini-las, porque as insere na realidade interpessoal

---

[13] MYERS, E.; MYERS, M. T. *Les bases de la communication*, cit., p. 23.

através dos comportamentos comunicativos. Ao dizer as coisas, trazemos à luz as nossas vivências pessoais, e ajudamos o outro a partilhar as suas. Com base nessa relacionalidade diferente em devir, olhamos as coisas com olhos diferentes, porque nós mesmos somos diferentes.

A comunicação não é só uma troca de intenções, de conteúdos verbais, é também isto, mas é, sobretudo, criação de relações recíprocas que determinam o que se pode chamar de "plataforma da compreensão". Desta as intenções e os conteúdos recebem o seu significado prático num contexto operativo.[14]

Este clima humano é o espaço operativo no qual as qualidades verbais e não-verbais dos atos comunicativos são responsáveis pela novidade das relações humanas entre as pessoas e o novo modo de ver as coisas, e facilitam este processo evolutivo para uma nova compreensão das mensagens que são objeto de discussão. Dizendo com outras palavras, no diálogo as pessoas

chegam a colocar-se na verdade do objeto, e é isso que as une numa nova comunidade. Incluir-se no diálogo não é um puro colocar tudo em jogo para fazer o próprio ponto de vista triunfar, mas um transformar-se naquilo que se tem em comum, transformação na qual não se permanece aquilo que se era.[15]

Na prática, ao se comunicarem as pessoas entram espontaneamente em relação e modificam os seus comportamentos recíprocos. Relações espontâneas e partilhadas permitem que as pessoas reforcem as suas relações e captem de maneira clara os conteúdos das suas comunicações. Ao contrário, relações

---

[14] WUNDERLINCH-MAAS cit. por FRANTA, H. *Comunicazione interpersonale*, cit., p. 35.

[15] GADAMER, G. H. *Verità e metodo*. Milano: Fabbri, 1983. p. 437.

contrastantes e conflituais fazem emergir o aspecto relação como prioritário na comunicação.[16]

Por exemplo: se um superior diz ao ecônomo da casa: "É importante gastar o dinheiro aos poucos e com sabedoria", ou: "Para de gastar, ficaremos sem dinheiro!", em ambos os casos transmite a mesma informação, porém as duas mensagens definem a relação de modo certamente diferente. Devemos reconhecer que, muitas vezes, nas nossas comunicações comunitárias, a referência entre conteúdo e relações vai de uma polaridade à outra segundo o clima relacional presente.

Quando há estima e confiança recíproca, as pessoas são mais facilmente propensas a prestar atenção àquilo que dizem e, por isso, aos reais conteúdos informativos dos atos comunicativos. De modo diferente, nas relações "doentias", caracterizadas por uma luta contínua para definir a natureza da relação, o aspecto do conteúdo das comunicações tem menos importância.[17]

Além disso, para "dizer" a si mesma é preciso estar em contato com as próprias experiências emotivas, pois, quando a pessoa revela essas experiências emotivas, também transmite de modo pessoal e congruente os aspectos relativos ao conteúdo da sua comunicação. Como diz Franta, no seu estudo sobre a comunicação interpessoal: "Em todo ato comunicativo, nós nos apresentamos seja com as mensagens, seja através dos processos interativos de modo indireto. [...] o sujeito se apresenta como quem espera, teme, sente..., e constitui uma dinâmica fundamental da interação humana".[18]

---

[16] CREA, G. *I conflitti interpersonali nelle comunità e nei gruppi*. Bologna: Edizioni Dehoniane, 2001. p. 44.

[17] WATZLAWICK, P.; BEAVIN, H. J.; JACKSON, D. D.*Pragmatica della comunicazione*, cit., p. 45.

[18] FRANTA, H. *Comunicazione interpersonale*, cit., p. 116.

Cada um pode ser capaz de dialogar com o próprio mundo interior, escutar, seguir o que faz, e vive mediante aquela autoconsciência que permite reconhecer as próprias certezas e as próprias dúvidas, o próprio modo de dar significados às coisas que o circundam. Esse conhecimento se realiza dando palavras às nossas experiências, traduzindo o pensamento com a comunicação. Isso significa fazer emergir experiências, emoções, situações remotas ou recentes sobre as quais se assume a responsabilidade no encontro com o outro. Quem não consegue comunicar-se fica preso no seu pequeno mundo feito de insatisfações e mal-entendidos.

Conservar as coisas dentro de nós aumenta as incertezas recíprocas e impede que se tenha as informações necessárias para dissipar o medo do encontro com o outro, impedindo-nos de captar a diversidade do mundo exterior. De fato, não se consegue gerir aquilo que não se conhece. Ao contrário, as incertezas e as dúvidas interiores deixam de ser invulneráveis e se dissolvem quando são finalmente visíveis.

> É um paradoxo: uma coisa, depois que foi dita, é diferente de como era antes, porque é diferente aquele que a disse. Ele tem uma sensação de liberdade depois que se confiou a alguém, depois que explicou e esclareceu, desculpou e se reconciliou consigo mesmo ou com alguém em quem confia.[19]

Permitir que os outros falem significa conceder que limitem a incerteza que se revela nas coisas ditas, mas também nos comportamentos, e aumentem a certeza do conhecimento recíproco. Ao falar, sentimo-nos melhor. "Parece que tirei um peso de cima de mim" — dizia um jovem confrade depois de ter confiado uma experiência pessoal a outro. "Há muito tempo sentia necessidade de abrir-me", "é bom ser ouvido pelos outros", são expressões que

---

[19] CIAN, L. *La relazione d'aiuto*, cit., p. 23.

muitas vezes ouvimos nas nossas comunidades religiosas e que exprimem que a comunicação verdadeira faz bem à vida comum.

Para uma escuta propositiva

A fim de que nossa comunicação se torne significativa, é preciso que haja, de fato, alguém que escute, com quem seja possível comunicar-se. De outro modo, nós nos sentiremos frustrados, sós, angustiados.

Na comunidade, a pessoa disponível à escuta certamente facilita a construção de relações interpessoais positivas. Reconhecemos que, comumente, estamos pouco habituados à escuta propositiva. Sabemos como escrever, ler, falar, cantar, amar..., mas dificilmente nos treinamos para escutar, quer dizer: para viver em plenitude esse gesto de amor refinado, "pois a atitude de escuta é tão preciosa que pode tornar-se um dom recíproco. Normalmente, pensa-se que é mais urgente falar do que escutar, porque o que temos a dizer é sempre mais instrutivo e interessante do que aquilo que os outros têm a dizer".[20]

Com efeito, facilmente se pensa que escutar corretamente é esconder uma atitude de passividade. Coloquemo-nos no lugar de um superior que tem pouco tempo para ouvir os irmãos que batem à sua porta. Agora, imaginemos que aqueles confrades são idosos, e por isso não-produtivos, lamentosos e críticos, porque contam sempre as mesmas coisas: "Aqueles, sim, eram tempos" ou: "Aquilo é que era formação". A primeira tentação poderia ser a de dizer: "Com eles perco tempo, não vale a pena". Ou: "Ouvir o falatório deles não leva a lugar nenhum, tenho tantas outras coisas a fazer".

---

[20] Id., ibid. p. 26.

No entanto, a escuta que põe em ligação com a vivência do outro é exatamente o contrário; é um fato eminentemente ativo, porque pede-nos uma presença atenta de nós para nós mesmos e um investimento de todas as energias próprias sobre aquilo que o outro oferece mediante a palavra, os gestos, o comportamento. Escutar de modo correto é bastante trabalhoso, porque pede atenção mental, envolvimento emotivo controlado (especialmente quando o outro apresenta um modo de pensar que vai de encontro ao modo próprio de ser e de ver as coisas), compromisso em conter a comunicação intrapsíquica própria feita de lembranças, alegrias, remorsos, projetos, experiências análogas. Numa palavra: na escuta propositiva, a nossa vivência pessoal é despertada pelas palavras do outro.[21]

Barreiras e potencialidades na comunicação

Pôr-se em comunicação com os outros quer dizer entrar na lógica da reciprocidade autêntica. Tudo isso, porém, não é algo mágico, mas envolve um trabalho lento e paciente, às vezes cansativo, no qual o responsável por uma comunidade religiosa tem uma tarefa particularmente importante de mediação e de esclarecimento das dinâmicas em curso. De fato, são necessários uma certa prática e um certo esforço para chegar a perceber exatamente o aspecto psicológico dos comportamentos e das comunicações entre os irmãos e as irmãs da comunidade.

Se, por exemplo, uma certa manhã, o superior fizer observações desagradáveis a um membro da comunidade, vocês não

---

[21] "Sob a sutil camada superficial, necessária e suficiente para as trocas verbais de todos os dias entre os seres humanos, cada um de nós esconderia mais ou menos um universo afetivo privado, doador de significados específicos à própria existência, ao assim chamado mundo exterior e às próprias relações com os outros" (MUCCHIELLI, R. *Communication et réseaux de communication*, cit., p. 5).

se colocarão, efetivamente, a questão de saber que significado poderia ter esse fato se decidirem colocar-se do "ponto de vista" emotivo: sentirão, simplesmente, ira, cólera, rancor ou ansiedade, segundo seu humor particular.

Tal exemplo nos indica que a implicação emocional pessoal, na situação relacional com o outro, pode modificar a percepção da interação comunicativa. De fato, se na relação comunitária o aspecto emotivo é dominante e envolvente, poderemos correr o risco de perder a especificidade da mensagem do outro porque estamos ocupados demais em "defender" o nosso ponto de vista ou "atacar" as posições do nosso interlocutor. De modo diferente, o envolvimento empático justo nos permite ser observadores atentos, capazes de perceber o que acontece para captar as diferentes realidades presentes no contexto interpessoal.

Obstáculos na percepção dialógica

No nosso modo de comunicar dentro da comunidade religiosa, há muitas condições que não facilitam o processo evolutivo entre a recepção das mensagens e a construção de uma relação autêntica. A percepção psicológica do que é dito às vezes é deformada por alguns fatores que podem ser sintetizados assim.[22]

Um primeiro fator é a atitude subjetiva com que a pessoa atribui significados pessoais à realidade, em vez de percebê-la como é. Quem teme que aconteça alguma coisa, corre o risco de ver essa "alguma coisa" por toda parte. A pessoa que, em comunidade, é ciumenta, interpreta cada detalhe do que os outros lhe dizem ou fazem como sinais que confirmam o seu ciúme.

---

[22] MUCCHIELLI, R. *Apprendere il counseling*. Trento: Erikson, 1987. pp. 36-37.

Quando alguém tem medo de andar no escuro, se vai à rua de noite, acaba percebendo cada pequeno ruído como uma ameaça que se aproxima etc. Não apenas os estados emotivos que temos produzem distorções muito fortes no nosso modo de perceber a realidade, mas também as nossas opiniões "normais", o nosso modo de pensar, as nossas crenças, os nossos preconceitos e pré-julgamentos influenciam a compreensão recíproca dos atos comunicativos, e não facilitam a possibilidade de captar o que de fato acontece ao nosso redor.[23]

Um segundo fator a ter presente é o modo como tendemos a deformar o que percebemos nas comunicações, segundo o nosso papel. Não é por acaso que se fala de deformação. Um papel que um superior desempenha dentro de uma comunidade religiosa envolve e de certo modo determina os seus comportamentos. Não é a mesma coisa, de fato, se ele organiza uma reunião da comunidade ou se participa de um passeio comum. Contudo, a consciência do próprio papel pode deformar a atitude de quem o exerce e impedir que se adapte às diversas situações.

Tomemos o caso de um superior que por muitos anos foi mestre de noviços e que agora estabelece na sua comunidade turnos de limpeza semanal entre os confrades, ou, então, toca o despertador de manhã para que todos se levantem à mesma hora, exigindo que estejam presentes sempre e de qualquer maneira nos momentos comuns. Essa pessoa tende a organizar a própria vida segundo o modelo do noviciado, apelando, para isso, ao seu papel atual e ao que ocupara anteriormente no setor da formação.

O terceiro aspecto a ser levado em consideração é a tendência para absolutizar o significado racional que é atribuído às coisas ditas, o que impede que se perceba o significado psicológico. Ficar

---

[23] HOUGH, M. *Abilità di counseling*. Trento: Erikson, 1999. p. 48.

apenas no conteúdo das palavras, no seu sentido "intelectual", impede que se captem as alternativas presentes na comunicação do outro, o sentido das próprias palavras.

Imaginemos que uma irmã, que estuda teologia, diga à sua superiora: "Todas as minhas colegas na universidade têm computador". A superiora, atenta ao conteúdo intelectual, pode responder: "Não é possível, certamente alguma não tem", ou: "Que quer que eu faça a respeito?" Ora, na frase da irmã estão subentendidas, do ponto de vista psicológico, algumas mensagens possíveis: gostaria de ter um computador; gostaria de ser como os outros, mas não sou como os outros; não ouso pedir-lhe que me compre um computador.

É certamente mais difícil resistir ao conteúdo relacional das mensagens quando entre os interlocutores há "discussão" e tensão. Nesse caso, tenderão a responder ao argumento do outro com uma certa imediatez, com o risco de perder informações relativas às coisas que estão sendo ditas, porque estão preocupados em estabelecer uma relacionalidade conflitual entre eles. Em vez de perceber a totalidade da situação ou das atitudes, captam o conteúdo "modelado" pela própria ótica racional.

Tomemos o exemplo de um superior que, depois de ter escutado a exposição de um problema presente na sua comunidade, tenha o impulso de pensar numa solução imediata. Pode acontecer que aos olhos dele essa solução seja ótima do ponto de vista lógico, dado que conhece o problema e os recursos do qual dispõem as pessoas que estão com ele. Mas é fácil que a solução proposta encontre uma resistência da parte daqueles que o escutam, os quais não estão disponíveis para aceitá-la facilmente.

A essa altura, a sua primeira reação corre o risco de ser a irritação ditada pela impressão de que não a tenha entendido, ou a sensação de que não sabe o que quer. Se, porém, nos colocarmos no ponto de vista da observação psicológica, essa resistência à solução denota que a solução indicada pelo superior não é tal para quem o escuta e que, portanto, estão se comunicando em dois níveis deferentes, a partir de duas "racionalidades" diferentes.

Por isso, segundo diversos fatores que entram em campo, seja por subjetividade, seja por deformação do papel, seja por excessiva atenção à própria racionalidade, seja ainda por outro fator, tende-se a fazer uma seleção na realidade e a filtrar o aspecto correspondente ao ponto de vista próprio, dando um sentido pessoal ao que é apresentado na comunicação. Para ter acesso ao ponto de vista do outro, é importante sair da própria maneira costumeira e pessoal de ver e colocar-se num outro ângulo, ou seja, um ponto de vista atento e psicológico. Para chegar a isso, é preciso tomar uma atitude de formação específica que ajude as pessoas a modelar o estilo comunicativo próprio no sentido da compreensão recíproca.

Prestar uma atenção propositiva à pessoa que se comunica

Na comunhão interpessoal, é indispensável orientar-se física e psicologicamente para o outro a fim de captar o significado do seu "ponto de vista" psicológico diferente, de modo a entrar em contato com a realidade assim como ela é percebida por ele. Isso quer dizer ter a capacidade de aperceber-se da diversidade do outro e do modo de relacionar-se conosco. Resumamos isso com alguns princípios concernentes à atitude de respeito na comunicação com o outro.

1. *É importante saber aceitar a situação assim como é vivida pelo interlocutor.* O ponto de vista psicológico representa aquilo que é vivido autenticamente pelos protagonistas de uma situação.

Tornar essa vivência parte integrante da comunicação equivale a participar de algo importante da vida e da experiência do outro.

2. Além disso, é preciso *ter um conhecimento preciso dos modos com que se exprime aquilo que é significativo do ponto de vista psicológico*. Neste caso, é de fundamental importância que as pessoas sejam capazes de captar os dinamismos relacionais através dos quais entram em contato com o mundo comunicativo do outro.

Há vários modos pelos quais as pessoas podem exprimir sua experiência significativa: de modo direto, ou, então, com um processo de autoconhecimento, ou, ainda, observando a evolução da relação interpessoal.[24]

As expressões explícitas dizem respeito aos modos diretos pelos quais são comunicados e partilhados os estados afetivos e a vivência interior, tornando-os disponíveis à percepção do outro. Um sorriso de satisfação pode significar muito simplesmente o contentamento por ter obtido algo. Quando um irmão diz sorrindo: "O pároco disse que posso fazer tudo sozinho, mesmo ao custo de morrer de trabalhar", se você percebe o sorriso dele, pode ser que entre em sintonia para compreender o que esse fato significa para ele. Pode ser que, ao dizer isso, ele não se dê conta de que, ao mesmo tempo, mostrou um sorriso de satisfação.

Se uma irmã vem falar com você no quarto e fica sentada diante de você segurando contra si bem firme a sua bolsa ou enrosca os tornozelos em torno do pé da cadeira, é preciso perceber que essa é uma expressão de inquietação e insegurança dela. O comportamento dela, com o corpo contraído, é uma expressão direta de sua vivência, antes ainda de transmitir a você os conteúdos da sua mensagem verbal. Mas também o silêncio

---

[24] MUCCHIELLI, R. *Apprendere il counseling*, cit., pp. 39-40.

de alguém que está quieto diante de você pode ser expressão de inibição, incômodo ou aborrecimento.

Em suma,

todas as atitudes têm um significado direto, exprimem algo. O espanto, a raiva, a agressividade, o medo, a angústia, o mal-estar, a exasperação, o pânico, a satisfação prazerosa, o desprazer, a vergonha, a tristeza etc. se traduzem não só em palavras, mas, mais frequentemente, além das palavras, através do tom, da mímica, das "posturas" observáveis.[25]

Por isso é necessário ter a atenção à experiência do outro e, em particular, às modalidades expressivas com que ele torna você participante daquilo que vive, com o que acompanha as suas comunicações verbais, fazendo com que tais dados sejam fruto de observação e não de suposição mental. De fato, sempre que se pensa que se entende as sensações do outro e se atribui a ele as intenções que não estão explicadas, com muita probabilidade se está projetando a própria experiência, as próprias expectativas, as próprias carências sobre o outro e, sobretudo, não se está observando. Por exemplo: se nota que a pessoa que está diante de você o está fixando com um olhar indagador e supõe que, provavelmente, está lendo o seu pensamento, você pode chegar a desconfiar dessa pessoa também, antes mesmo que ela abra a boca.

A um aceno verbal seu ("por que me olha assim?"), você pode descobrir que naquele momento estava simplesmente distraído. Nesse caso, atribuir ideias malévolas ao outro não é resultado de observação, mas a expressão direta da desconfiança para com ele. Ou, numa comunidade, se alguém lhe diz: "Embora nunca me tenha dito nada, tenho a certeza íntima de que o meu vizinho

---

[25] Id., ibid. p. 39.

de quarto falou de mim", você pode responder sem nenhum risco de errar: "Você não tem confiança no seu vizinho".

A observação de si mesmo. Além de observar quem lhe fala e entender as modalidades expressivas diretas da sua experiência verbal e não-verbal, também é preciso que na comunicação interpessoal os interlocutores observem a si mesmos. Esta auto-observação é importante para evitar "atribuir" ao outro as convicções próprias e o próprio sistema de valores, mas também ajuda a perceber, através das reações do outro, aquilo que a própria atitude produz sobre ele quando um de nós confere às mensagens (gestuais ou verbais) de quem fala um significado preciso.

Coloquemo-nos por um momento no lugar de um superior que, cansado pela intensa atividade que teve durante toda a manhã num hospital (imaginemos que seja responsável por uma seção num hospital), na hora do descanso, após o meio-dia, ouve bater à sua porta. É um irmão idoso da comunidade que vem queixar-se a ele de sua dor de cabeça e que o seu vizinho de quarto continua com o rádio ligado a todo o volume até tarde da noite. A certa altura de sua conversa, o superior sente vontade de dar um bocejo de cansaço, que consegue dominar, mas, por um reflexo puramente fisiológico, seus olhos se cobrem com uma lágrima. O religioso idoso continua a falar, mas, de repente, para, inibe-se, recusa-se a prosseguir e, pouco depois, deixa o quarto.

O superior prefere deixar o caso de lado, mas pouco mais tarde encontra o mesmo irmão, que lhe confessa: "Quando fui falar com você no quarto, vi lágrimas brilhar por um momento em seus olhos e percebi que você estava comovido com as minhas dificuldades, o que me fez entender que estou, de fato, condenado a causar aborrecimento com as minhas lamúrias".

Com esse exemplo, pode-se perceber até que ponto a pessoa pode atribuir um significado pessoal a tudo o que entende no outro, e como é importante estar consciente do que acontece no nosso modo de comunicar.

Um último aspecto com o qual se pode exprimir a experiência psicológica da comunicação diz respeito à *atenção à evolução da relação* entre as pessoas. Nas relações e nos comportamentos interpessoais, é indispensável que as pessoas observem e se apercebam de como muda a relação através da troca comunicativa na situação presente. De fato, na comunicação não trocamos só as impressões recíprocas ou os conteúdos das mensagens eventualmente enriquecidos por aquilo que o outro diz, mas é a própria relação interpessoal que evolui continuamente graças à reciprocidade comunicativa. Toda palavra dita, se acompanhada pela experiência recíproca, torna-se uma ocasião para enriquecer as diferenças do outro.[26]

Concluindo, podemos dizer que uma boa observação na comunicação exige uma abertura confiante e atenta à realidade do outro, sustentada não só por uma boa consciência de si e da vivência dos outros, mas também por uma constante atenção a tudo o que é expresso, seja verbalmente, seja através da linguagem corporal. Tais mensagens são as condições da empatia, entendida como capacidade de compreender, ainda que conservando a objetividade.

As dificuldades de uma escuta sincera e autêntica

Como pudemos sublinhar, a escuta implica a capacidade de observação de si e do outro, do seu e do nosso mundo cognitivo

---

[26] "O diálogo tem a finalidade de tornar-nos unidos, mas não uniformes. As diferenças individuais podem ser vistas como obstáculos ou como riquezas. O diálogo nos ensina a vê-las como riquezas" (BRONDINO, G.; MARASCA, M. *La vita affettiva dei consacrati*. Fossano (CN), Editrice Esperienze, 2002. p. 80).

e afetivo. Tudo isso, porém, não é suficiente para compreender as mensagens comunicativas. Também é preciso verificar se o que entendemos corresponde de fato à realidade expressa pelo outro. Para fazer isso, os interlocutores podem "treinar-se" para retomar o que foi dito, para seguir com atenção a comunicação do outro.

Pense por um momento na seguinte experiência: se tiver uma discussão com um irmão ou irmã de sua comunidade,

> pare a discussão e, como experimento, coloque esta regra: qualquer um só pode apresentar a sua argumentação depois de ter proposto de novo as ideias e as sensações do interlocutor com exatidão e com a confirmação dele. Isso significaria simplesmente que, antes de apresentar seu ponto de vista, será necessário assimilar o quadro de referência do interlocutor para compreender as suas ideias e as suas sensações, a fim de estar em condições de poder tomar o seu lugar. Parece simples. Mas, se você fizer a prova, descobrirá que é uma das coisas mais difíceis que jamais tentou fazer.[27]

Com efeito, a maioria das pessoas dá por assentado que as habilidades próprias de escuta são adequadas ou muito boas. Por isso, é frequentemente surpreendente dar-se conta de que a escuta é um processo ativo que requer não só empenho e concentração, mas também a capacidade de pôr de lado os próprios problemas e preocupações e entrar verdadeiramente no papel de quem nos está falando.

A escuta superficial

No curso das nossas interações cotidianas dentro da comunidade, muitas vezes tendemos a escutar num nível muito superfi-

---

[27] ROGERS, C., cit. por MUCCHIELLI, R. *Apprendere il counseling*, cit., p. 41.

cial, e acontece que escutamos enquanto estamos fazendo outra coisa. Por exemplo: às vezes, ouvimos as palavras que outras pessoas nos dizem enquanto estamos envolvidos em atividades como os afazeres domésticos, enquanto assistimos à televisão ou falamos ao telefone. Em algumas comunidades há o costume de fazer as refeições assistindo ao telejornal, algo totalmente inócuo, que, às vezes, poderia limitar a possibilidade de escutar-se nos espaços comuns de cada dia.[28]

Não se pode falar de escuta ativa quando estamos ocupados com tantas outras atividades e não podemos prestar atenção às pessoas que estamos escutando, ou quando a nossa função nos leva a dispersar a nossa atenção sobre tantas responsabilidades cotidianas. Nessas condições, podemos "ouvir" as palavras do outro, mas sem compreender a totalidade da sua mensagem. É importante entender que escutar e ouvir não é a mesma coisa: ouvir é um fato sensorial bastante superficial, porque pede uma atividade de consciência tênue, uma presença ligeira a si mesmo e ao outro.[29]

Na escuta, porém, não há só a percepção do som da voz, mas há um movimento para o outro que nos fala, que nos envolve, que nos interpela com as suas mensagens. É estender o ouvido para apropriar-se das suas palavras a fim de que entrem em nós,

---

[28] "O aspecto mais importante que caracteriza a conversa é a escuta atenta. Como membros da comunidade, devemos estar profundamente interessados uns nos outros, sobre aquilo que nos diz respeito, sobre nossas histórias, nossos dons, nossos projetos que nos animam. Não há nada pior, escreve padre Maloney, que ter experiências interessantes a contar à mesa e não ter ninguém que queira escutar" (DALL'OSTO, A. Cinque momenti importanti. *Testimoni 5* [2003] 12).

[29] Quando há obstáculos para a escuta consciente e atenta, as nossas palavras ouvidas superficialmente se tornam, paradoxalmente, um obstáculo à realização. "As pessoas se falam reciprocamente ou se lançam palavras" (PEARLS, F. *L'approccio della Gestalt*. Roma: Astrolabio, 1977. p. 134).

e isso pede que se "demore" no seu significado, que sejam escutadas de novo nas suas ressonâncias emotivas. Um superior que se dirige a um confrade que acabou de voltar de uma viagem de trabalho dizendo-lhe: "Estou ouvindo você, fale!", certamente falará diferentemente, se disser: "Estou ouvindo você, conte-me como foi!". Quando nos colocamos na perspectiva de "ouvir" em vez de "escutar", o som das palavras parece escorregar, não pede uma operação intencional, um parar, uma atenção vigilante, um mínimo de recolhimento.

A escuta "estereotipada"

Já acentuamos como, entre as dificuldades da escuta, estão os diversos "contextos pessoais" com os quais tendemos a filtrar o que ouvimos do outro. A nossa fantasia, o nosso modo de pensar ou o nosso próprio temperamento são âmbitos nos quais o que vem do outro assume, de repente, outro sentido, o sentido que nós lhe damos. De fato, os sentimentos imediatos provados por nós diante de quem nos fala incidem sobre a orientação de nossa atenção nas confrontações com ele.

Mas também a nossa pertença a um grupo social pode modelar a forma de perceber e de reagir em relação ao outro: esses modelos são os chamados estereótipos. Um estereótipo é uma maneira rígida de avaliar as pessoas que pertencem a um grupo diferente do nosso, quando se está imerso nos modelos do próprio subgrupo. São imagens genéricas, fontes de crenças e de comportamentos que, às vezes, conseguem resistir à contradição dos fatos e que contrariam os nossos julgamentos sobre os outros.

Podemos ter esses juízos preconcebidos sobre as pessoas que conhecemos pouco. Por exemplo: em uma dinâmica de grupo realizada durante uma sessão de formação, uma religiosa (professora de escola elementar) manifestava a sua irritação para com outro participante (que era pároco), e as suas opiniões eram consequências do seu estereótipo sobre pároco. Ela afirmava: "Os párocos não me agradam". Ficou espantada diante das reações de outro participante, que, "como pai de um aluno", não escondia o próprio desprezo pelas "professoras".

Fala-se do outro identificando-o com um grupo, ao mesmo tempo que se tende a colocar a si mesmo em relação mais com esse grupo do que com a riqueza do interlocutor. Também na nossa vida comunitária poderemos reconhecer um grande número de estereótipos no nosso modo de estar juntos: basta pensar nos estereótipos ligados às diferenças de idade, às diferenças culturais, às diferenças de função etc.

A atenção com aquilo que podemos definir como o "significado intelectual" daquilo que é formulado pelo outro arrisca a fazer perder de vista o quadro de referência representado pelo contexto pessoal e experiencial do outro. Se, no início de uma comunicação entre duas pessoas de nacionalidades diferentes, uma irmã pergunta à sua superiora: "Você entende o que digo?", imediatamente se tende a responder ao conteúdo intelectual, dizendo "sim" ou "não", ou "isto não lhe diz respeito" etc., ao passo que a pergunta da pessoa pode significar outra coisa. Pode significar, por exemplo, que a irmã tem necessidade de tranquilidade a respeito do fato de ter de exprimir-se numa língua diferente da sua. O que conta, portanto, na escuta compreensiva, é chegar a perceber o significado vivido por quem temos diante de nós e estar consciente das suas exigências.[30]

Os requisitos para a escuta compreensiva da verdade da qual o outro é portador requerem, portanto, a capacidade de conhecer e limitar os condicionamentos provenientes dos próprios

---

[30] GONZÁLEZ SILVA, S. *Star bene nella comunità*. Milano: Àncora, 2002. p. 187.

contextos pessoais, de modo a discernir e aceitar os significados assim como são vividos pelo interlocutor, em referência ao seu sistema existencial.

A escuta, portanto, é uma arte e uma técnica, é um fato de presença verdadeira, paciente, atenta e sensível, que todo(a) superior(a) tem a responsabilidade de aperfeiçoar fazendo emergir a própria atenção e a própria sensibilidade para reconhecer a alteridade das pessoas a ele(a) confiadas com o múnus da autoridade. Essa escuta dialógica cria comunicação, e essa comunicação cria relação. Essa relação se torna ocasião de troca recíproca, serviço, amizade, liberdade, comparação de propostas e de pontos de vista. Torna-se uma caminhada para um destino comum.

Sem essa passagem do eu ao tu se arriscam tantos monólogos sem fim, trocados como exortações piedosas, com a intenção de fazer o outro entender o que deve dizer ou o que deve fazer.[31] Com efeito, quando o coração de quem escuta está cheio de preconceitos, de preocupações, de ciúmes, não há lugar para acolher o outro. A acolhida do outro não exclui, mas inclui; ao passo que o coração orgulhoso e vaidoso torna intolerante, aproxima os outros com os critérios da própria experiência e da própria história e, paradoxalmente, os afasta.

Este aspecto de escuta hospitaleira e acolhedora pode ser educado através de um processo de conversão ao outro. Noutras palavras: é preciso aceitar ser frágil e incapaz de escuta para pôr-se numa atitude de acolhida.

Tal passagem educativa está ao alcance de todos na comunidade, mas é preciso derrubar as barreiras que impedem a comunicação e a participação. Mais uma vez, acentuamos como o superior tem a responsabilidade de facilitar tal percurso for-

---

[31] MUCCHIELLI, R. *Communication et réseaux*, cit., p. 7.

mativo, tornando-se ele mesmo mediador de comunicação eficaz entre as pessoas que fazem parte da sua comunidade.

Competências comunicativas na liderança

Perceber, compreender e até prever os comportamentos comunicativos dos irmãos e das irmãs em comunidade é o primeiro passo necessário no processo de interação interpessoal.

Estamos interessados na importância das percepções e da escuta e temos amiúde mostrado como na plataforma relacional o superior tem a função específica de facilitar a escuta e a comunicação autêntica. Todavia, a percepção das pessoas é apenas um componente necessário, mas não suficiente, no processo de interação. Pense num encontro informal entre confrades, ou numa reunião de comunidade presidida pelo superior. Perceber os outros durante esses encontros é em certo sentido um pré-requisito para o processo efetivo da interação, mas não é a própria interação. A interação com os outros consiste numa troca regulada de mensagens comunicativas.

O processo da comunicação

Todos estamos implicados na comunicação. Ela é um comportamento que envolve a pessoa. Sublinhamos desde o início deste capítulo que um dos axiomas da comunicação é que "não se pode não comunicar". Em geral, a comunicação pode ser definida como um processo que implica a construção de uma plataforma relacional, através da transmissão de informações entre pessoas que estão em relação entre si mesmas, isto é, entre um emissor e um receptor. Dessa definição se segue que cada comunicação implica os seguintes elementos importantes:[32] (a) um *emissor* ou uma fonte das mensagens comunicativas, o qual *codifica* a (b) *mensagem* com os seus conteúdos verbais e não-verbais a transmitir através de (c) um *canal* particular avaliado como o mais idôneo por quem transmite a mensagem a (d) um *receptor*, o qual *decodifica* a mensagem.

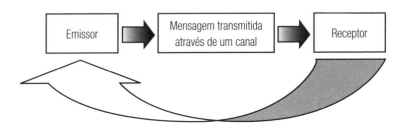

As características do emissor, a mensagem, o canal e o receptor, todos têm influência importante no processo da comunicação. As características do emissor e do receptor (como o *status*, o poder, a inteligência, os interesses partilhados) influem nas estratégias comunicativas adotadas. Também a natureza mesma da mensagem pode ser muito importante na determinação da maneira como nos comunicamos: usa-se uma linguagem específica segundo as diversas situações. Por exemplo: ao pedir informações sobre o tempo, um superior usará uma linguagem muito diferente daquela que usaria para perguntar pelo que não está funcionando na comunidade.

No entanto, essa definição de comunicação é limitada. Ela sugere que a comunicação é um processo simples, unidirecional, e que as mensagens são enviadas e recebidas sem referência ao mundo circunstante e à sequência dos acontecimentos passados

---

[32] FORGAS, J. *Comportamento interpersonale. La psicologia dell'interazione sociale*. Roma: Armando Editore, 1989. pp. 124-125.

e previstos no futuro. Acentuamos que a comunicação é, comumente, um processo dinâmico, multidirecional, no curso do qual o envio das mensagens e o controle por parte do outro têm lugar simultaneamente.[33] Além disso, toda comunicação interpessoal se baseia, numa certa medida, nos conhecimentos interpessoais partilhados entre as pessoas que estão em comunicação.

Noutros termos: as mensagens adquirem, comumente, um significado dentro de um ambiente social bem definido, seja ele uma família, uma classe de escola, seja uma comunidade religiosa. Frases que são perfeitamente compreensíveis quando pronunciadas entre dois médicos, entre dois agentes de pastoral ou entre dois estudantes não terão nenhum significado para quem é de fora de tais grupos. Damos por suposto uma enorme quantidade de conhecimentos partilhados quando nos comunicamos entre nós, ao passo que sabemos bem que tais conhecimentos recíprocos estão estreitamente ligados ao contexto comunicativo.[34]

Já vimos como a comunicação é processo dinâmico que tira vantagem do conhecimento passado e da experiência partilhada entre as pessoas que estão em relação. Nas páginas seguintes, queremos fazer uma referência específica às diversas modalidades com que a comunicação do líder de comunidade pode tornar-se instrumento eficaz para facilitar a compreensão recíproca e, portanto, afirmar a própria presença como guia autorizado. Como veremos, mesmo quem tem o múnus da autoridade transmite e recebe mensagens passando pelos quatro elementos que caracterizam toda comunicação, como emissor de uma mensagem a comunicar através de um canal específico, mas também como

---

[33] MYERS, E.; MYERS, M. T. *Les bases de la communication*, cit., pp. 14-15.

[34] GERGEN, K. J.; GERGEN, M. M. *Psicologia sociale*. Bologna: Il Mulino, 1990. p. 229.

receptor e, portanto, como ouvinte propositivo daquilo que os outros comunicam.

O superior como facilitador do fluxo das informações

Nesta parte tomamos em consideração as intervenções do líder que se destinam a facilitar o trabalho comum na comunidade através de algumas habilidades comunicativas específicas que permitem favorecer a circulação das informações dentro do grupo.[35]

As competências comunicativas que fazem parte de tal categoria podem ser distintas segundo o papel de receptor e de emissor que de vez em quando o líder assume na interação.

Quando o superior é receptor na comunicação

Como receptor, o líder deve, antes de tudo, *saber escutar*. A escuta é uma habilidade essencial na condução autorizada. Temos acentuado bastante que a principal causa de bloqueio das comunicações interpessoais é a incapacidade de escutar de modo atento a comunicação do outro. Quando o líder se coloca em posição de receptor a quem é destinada a mensagem comunicativa, não é espectador passivo da troca, mas age sobre a informação que recebe.[36]

Isso se dá, em particular, quando ele articula a própria escuta compreensiva segundo as seguintes funções: a) *coleta das informações*, b) *esclarecimento das mensagens recebidas*,

---

[35] BECCIU, M.; COLASANTI, A. R. *La leadership autorevole*. Roma: Nuova Italia Scientifica, 1997. pp. 76ss.

[36] GERGEN, K. J.; GERGEN, M. M. *Psicologia sociale*, cit., p. 226.

c) recapitulação e síntese das comunicações realizadas com o outro e com os outros da comunidade.

Quanto à primeira função de escuta, concernente à *coleta das informações*, requer-se que o superior encoraje o outro a fornecer contribuições verbais pessoais e partilhar a própria vivência no desenvolvimento das relações, fazendo uso de competências comunicativas que lhe permitam repropor ao interlocutor os aspectos de conteúdo essenciais encontráveis no seu discurso, e notar as reações e os estados emotivos ligados ao assunto em questão, com a finalidade de encorajar o interlocutor a explicitar experiências, ideias e sentimentos significativos para o desenvolvimento das atividades.

Tal sensibilidade e abertura da parte do superior para com o que o outro diz estimula uma compreensão recíproca: diante da atitude respeitosa e autêntica do próprio superior que escuta, o outro será estimulado a contribuir com a mesma autenticidade, explorando e partilhando as vivências próprias e as experiências próprias, amplificando, assim, a plataforma de compreensão recíproca.[37]

Detenhamo-nos um momento sobre esta função da comunicação, pois ela pode, provavelmente, ser mais facilmente experimentada num contexto protegido, como é exatamente a comunidade religiosa. Em particular, para a finalidade operativa do presente livro, queremos analisar uma das competências específicas com a qual o emissor "coleta informações", a da reformulação, que ajuda a captar de modo autêntico a comunicação do outro.

A *reformulação* consiste em verbalizar o que o superior conseguiu coletar da comunicação verbal e não-verbal do outro,

---

[37] BECCIU, M.; COLASANTI, A. R. *La leadership autorevole*, cit., p. 76.

restituindo-lhe a sua mensagem com palavras próprias e com clareza.[38] Tal suporte verbal dá ao outro a segurança de ser ouvido e compreendido e facilita o seu trabalho de exploração de si mesmo. Ao mesmo tempo, permite verificar se quem escuta recebeu o que lhe foi comunicado, ou se modificou ou filtrou a mensagem. Assim, limita a responsabilidade da situação descrita na comunicação de quem a formulou, devolvendo ao outro a tarefa de confirmar ou não a compreensão da mensagem tal como foi reformulada. Às vezes, também se pode experimentar a reformulação através de breves respostas verbais, mas que têm precisamente a finalidade de focalizar tal compreensão empática do outro.[39]

Para reformular de modo adequado, é preciso:

- prestar muita atenção à mensagem expressa pelo emissor;
- coletar os conteúdos manifestados na sua inteireza;
- acentuar os aspectos essenciais com palavras próprias.

Vejamos alguns exemplos tirados das dinâmicas de grupo realizadas nas atividades de laboratório do Curso de Formação para Superiores no *Claretianum* de Roma.

Exemplo 1. Um jovem religioso, no final de uma jornada de animação vocacional com os jovens, dirige-se assim ao superior: "Estou completamente desanimado e não posso mais!".

Respostas possíveis: "Sinta-se em casa esta noite". "Não o faça mais: é o que você sente neste momento." "Não é um fato momentâneo, não se trata de uma sensação passageira." "Na sua opinião, não é um momento passageiro difícil, trata-se de

---

[38] COLASANTI, A. R.; MASTROMARINO, R. *Ascolto attivo*. Roma: Ifrep, 1994. p. 11.

[39] GIORDANI, B. *La relazione di aiuto*. Roma: La Scuola Editrice, 1978. p. 217.

algo mais sério." "Pense que esta sensação não o abandonará, que você não conseguirá recuperar-se facilmente."

Exemplo 2. Uma irmã fala, à provincial que está de passagem por sua comunidade, assim: "Temos uma boa sintonia entre nós na comunidade. De minha parte, eu me ocupo com a Casa e a acolhida e me dou muito bem com isso".

Respostas possíveis: "Do ponto de vista dos papéis e do entendimento na sua comunidade, segundo sua opinião, não há problema". "Deste ponto de vista, a situação lhe parece totalmente normal, e você está bem assim".

Tais modalidades de comunicação permitem que o superior participe da experiência do outro e focalizam a eficácia da sua escuta através da confirmação ou da correção do que o receptor entendeu.

Uma segunda função da escuta diz respeito ao *esclarecimento das mensagens recebidas.* Com efeito, nem sempre as pessoas conseguem formular comunicações em função da compreensão dos outros, por isso é útil que o líder facilite o fluxo das informações pedindo esclarecimentos, explorando as conclusões, estruturando a comunicação. Pensemos um momento nas tantas ocasiões em que o superior tem a obrigação de comunicar-se em situações em que os termos da discussão são pouco claros, faltam informações essenciais para chegar a decisões, ou, ainda, situações em que as informações existem, mas são ambíguas.

Nesses casos, ele pode obter o esclarecimento de uma mensagem vaga, confusa ou aberta a mais interpretações. Ou, então, pode estimular o outro a pôr em evidência as relações entre as premissas e as conclusões para chegar a um quadro mais dinâmico das mensagens recebidas. Ou, ainda, pode reorganizar, de modo claro e coerente, os principais elementos encontráveis no discurso do interlocutor, enfatizando aqueles aspectos problemáticos que necessitam de elaboração ulterior.

Uma terceira função que compete ao líder enquanto ouvinte eficaz é a de *recapitular as informações coletadas*, de modo a focalizar os aspectos importantes que surgem, e oferecer às pessoas a oportunidade de dar contribuições suplementares. Isso pode ser feito através de uma capacidade dialógica de sintetizar para reunir os diversos aspectos daquilo que se está dizendo, de pôr em relação e evidenciar os pontos focais da discussão.

Sintetizar quer dizer reunir os diversos aspectos de um problema de modo a formar um conjunto coerente de dados e informações. O líder realiza com precisão tal habilidade quando consegue caracterizar os elementos e os termos principais de uma discussão e propô-los de novo com clareza a todo o grupo de modo a favorecer uma tomada de consciência melhor.

Pôr em relação significa criar articulações potenciais ou reais entre aspectos isolados de uma mesma mensagem ou entre mensagens diferentes, de modo tal a tornar mais uniformes e coerentes as várias comunicações.

Enfim, a habilidade de evidenciar se refere à capacidade de focalizar os aspectos importantes, que surgiram no curso da comunicação, e à sua colocação num quadro de conjunto. Relativamente a tal habilidade, o superior pode sublinhar as inconsistências que afloraram, as semelhanças e as diferenças nos pontos de vista, a fim de favorecer o desenvolvimento e o aprofundamento harmônico da comunicação e manter viva a participação de todos.

O superior como emissor de mensagens comunicativas

As competências comunicativas até aqui consideradas concernem às funções do superior enquanto receptor. Todavia, a facilitação do trabalho de troca comunicativa e comportamental dentro da comunidade está ligada também à sua capacidade de assumir eficazmente as funções de *emissor*. Sabemos como muitas vezes um líder de comunidade é facilmente tomado pela preocupação de ser um bom emissor de mensagens, para que os outros entendam, escutem, sigam as suas indicações, mudem as suas atitudes.

Propositalmente, fizemos as qualidades do receptor precederem as qualidades do emissor para acentuar que não se pode pôr-se em sintonia com os outros se não se está sintonizado com as diferenças do outro, se não se captam de maneira autêntica as suas mensagens comportamentais e verbais. Quando se percebe essas diferenças do outro que está em relação, então a nossa intervenção é dialógica, na medida em que tornamos o outro participante da nossa compreensão empática. As funções do superior emissor de mensagens dizem respeito à: a) *comunicação das informações* e b) *verificação das reações* a elas por parte dos ouvintes.

Examinemos, pois, as competências específicas que permitem a concretização das ditas funções.

Quando o responsável por comunidade emite mensagens comunicativas, antes de tudo *comunica informações*. Isso quer dizer que, através de um estilo comunicativo de tipo descritivo,[40] refere dados ou fatos acerca de experiências, acontecimentos, alternativas e situações. Revela-se particularmente útil quando quem exerce a autoridade deseja tornar conhecidos os parâmetros de um problema, as alternativas possíveis, as consequências de determinada escolha ou de uma determinada ação, ou quando pretende corrigir informações distorcidas ou mostrar a falsidade de mitos. O uso adequado de tal intervenção implica, por parte

---

[40] FRANTA, H. *Comunicazione interpersonale*, cit., p. 110.

do líder, a capacidade de escolher *quando* dar informações, *quais* informações dar e *de que* modo dá-las.

Ao dar informações, o líder não é frio transmissor de conteúdos, mas harmoniza as mensagens próprias com a recepção do outro, depois ilustra os argumentos exemplificando e visualizando as suas comunicações, de tal modo que as torna acessíveis e imediatas para os seus interlocutores.

Enfim, ao definir o que está falando com o outro, propõe conteúdos e informações de tal modo que torna evidente a sua pertença a um determinado âmbito, a fim de evitar, da parte dos interlocutores, reações de desorientação ou irritação causadas por notícias dificilmente discrimináveis.

A segunda função que o líder é chamado a desempenhar, como emissor, é a *verificação das reações* de quem o está escutando. Tal função se cumpre mediante a competência de fazer perguntas, com o que a pessoa que emite mensagens solicita um *feedback* dos destinatários e inicia uma troca recíproca e dialógica com o outro ou com os outros da comunidade.[41]

As perguntas são um instrumento muito útil no trabalho de grupo. Todavia, se malfeitas ou feitas no momento errado, podem inibir a comunicação em vez de favorecê-la. Toda modalidade de fazer perguntas corresponde a uma modalidade de facilitar a troca comunicativa e, portanto, ampliar a plataforma relacional entre as pessoas em interação. Por isso, é importante que as perguntas sejam formuladas de maneira aberta, respeitosa, dando aos interlocutores a possibilidade de organizar as respostas de modo pessoal. As perguntas de exploração são perguntas feitas à pessoa para examinar áreas ou aspectos importantes com vistas à compreensão daquilo que o outro diz. Em particular, podemos

---

[41] BECCIU, M.; COLASANTI, A. R. *La leadership autorevole*, cit., p. 99.

distinguir perguntas segundo o objetivo a alcançar e perguntas segundo o tipo de formulação adotada:[42]

Perguntas baseadas no objetivo	Perguntas baseadas no tipo de formulação
• perguntas adjuntivas: "Deseja dizer mais alguma coisa a respeito?" • perguntas de esclarecimento: "Não entendi o que disse. Pode explicar o que quer dizer?" • perguntas de focalização do conteúdo: "O acontecimento de que você está falando remonta a quando tinha dez anos. Que sucedeu em seguida?" • perguntas de focalização na pessoa: "Que é que você pensa a respeito disso?"	• perguntas abertas, com as quais se pede que a pessoa fale de um determinado assunto, mas a estruturação da resposta é deixada totalmente ao outro: "Gostaria de falar um pouco como foi na paróquia hoje?" • perguntas fechadas, que restringem a pessoa a uma resposta específica e são usadas quando há necessidade de conhecer um fato particular ou uma informação particular: "Você dorme à noite?"

Fornecer suporte

Depois de ter especificado de que modo o superior pode facilitar o fluxo das comunicações quando está em interação com os outros membros da comunidade, queremos levar em consideração algumas competências relativas à contribuição que pode dar quando está empenhado em manter e sustentar um clima colaborativo e coeso que permita que as pessoas se comuniquem de modo autêntico e sincero. Nesta fase, quem é responsável pela comunidade contribui para o bem-estar interpessoal mediante intervenções de suporte comunicativo que encorajem e estimu-

---

[42] COLASANTI, A. R.; MASTROMARINO, R. *Ascolto attivo*, cit., pp. 22-23.

lem os membros da comunidade a prosseguir na comunicação autêntica através de um estilo colaborativo.

Em tal processo, o superior facilita e ajuda os membros a superar as suas dificuldades em comunicar-se autenticamente, sobretudo quando "se sentem ameaçados em seu conceito de si mesmos, porque se sentem incapazes, apesar de seus esforços, de enfrentar algumas situações, porque não têm totalmente claras as metas a alcançar",[43] e estimula, com o seu apoio verbal, o suporte recíproco.[44]

Dentre as diversas competências com as quais o responsável por uma comunidade podem fornecer suporte, acentuamos aquelas que se mostraram particularmente significativas na experiência de laboratório realizada no Curso de Formação de Superiores, ou seja, a de a) *reforçar*, b) *exprimir empatia*, c) *autorrevelar-se.*

Reforçar

O reforço influi no agir comunicativo porque permite que as pessoas continuem o trabalho de construção de uma reciprocidade sadia e autêntica, fundada na confiança recíproca e

---

[43] BECCIU, M.; COLASANTI, A. R. *La leadership autorevole*, cit., p. 110.

[44] "Numa comunidade verdadeiramente fraterna, cada um se sente corresponsável pela fidelidade do outro; cada um dá seu contributo para um clima sereno de partilha de vida, de compreensão, de ajuda mútua; cada um está atento aos momentos de cansaço, de sofrimento, de isolamento, de desmotivação do irmão; cada um oferece seu apoio a quem está aflito pelas dificuldades e pelas provações. Assim, a comunidade religiosa, que sustenta a perseverança de seus componentes, adquire também a força de sinal da perene fidelidade de Deus e, portanto, de sustentáculo para a fé e para a fidelidade dos cristãos, imersos nas vicissitudes deste mundo, que cada vez menos parece conhecer os caminhos da fidelidade" (*A vida fraterna em comunidade*, n. 57).

na constatação de que é possível abrir-se ao outro. "Ele é um sinal positivo, emitido em resposta ao que o outro nos diz, que provoca, em quem o recebe, satisfação, prazer e alívio."[45]

Com o reforço, as pessoas são motivadas a perseguir o objetivo percebido como comum, processo que aumenta a possibilidade de receber novos reforços. Compreende-se como é importante tal competência quando, com o reforço, o líder orienta e aumenta o trabalho propositivo do grupo. Às vezes, preocupado com as coisas que tem de dizer, não presta atenção suficiente ao aspecto do encorajamento, sobretudo quando dá prioridade ao controle e à avaliação da contribuição do outro mais do que às suas tentativas de abertura.

Experimente dar apoio, mesmo que seja apenas por um dia, a uma pessoa que se percebe como particularmente antipática dentro de sua comunidade. Poderá descobrir que ela se mostrará ao menos surpresa por essa sua atitude, sobretudo se se dirigir à pessoa dela ("gosto de trabalhar com você; sei que posso confiar em você") e não apenas ao resultado daquilo que ela faz ("você fez um bom trabalho").

Para que o reforço seja eficaz, é preciso que responda de modo realista e imediato ao que a pessoa diz ou faz, sem exageros irreais. Além disso, não deve ser manipulador, mas direto nos pedidos. Para isso, é preciso que se refira mais ao comportamento manifesto do que às intenções subentendidas. O reforço racional descritivo indica os efeitos práticos procurados pelo comportamento que é objeto de reforço. Por exemplo: uma superiora, ao dizer a uma antiga mestra religiosa: "O fato de você ter conseguido terminar o trabalho nesta semana, como previsto, tira de mim uma grande preocupação, porque assim

---

[45] BECCIU, M.; COLASANTI, A. R. *La leadership autorevole*, cit., p. 111.

conseguiremos dar início ao curso escolar em novembro", reforça o seu comportamento a partir do que destacou concretamente na irmã professora.

Manifestar calor e empatia

Saber exprimir calor e empatia permite que o superior "entre em contato com os significados subjetivos que determinadas experiências implicam para o outro e manifeste a sua compreensão através de adequadas comunicações verbais e não-verbais".[46]

Isso significa acolher as mensagens do outro "inserindo-as no seu quadro de referência", sem avaliá-las ou interpretá-las segundo os nossos códigos mentais ou afetivos. Noutros termos: quer dizer "calçar as sandálias do outro",[47] entrar no mundo do outro colocando-se no seu lugar.

Desse modo, o superior compreende as experiências comportamentais e comunicativas das pessoas que estão presentes na comunidade sem entendê-las mal, distorcê-las ou depreciá-las, porém comunicando em nível verbal ou não-verbal interesse, proximidade e respeito.

As atitudes empáticas por parte do líder são fundamentais, porque assim ele pode comunicar a sua disponibilidade e o seu interesse em compreender os outros e ser ele mesmo modelo de comunicação eficaz, favorecendo um clima de colaboração e de coesão recíproca que ajude a comunidade toda a alcançar os objetivos comuns.

---

[46] Id., ibid. p. 114.

[47] Ibid.

Autorrevelar-se

Uma ulterior função do suporte que o superior pode fornecer é a de introduzir-se autenticamente na comunicação através de enunciados expressivos de si mesmo. Com a autoapresentação, ele se dispõe a responder de modo eficaz e atento e, em particular,

introduz-se nas relações interpessoais como pessoa, através da manifestação das próprias experiências, das próprias percepções subjetivas, das quais assume a responsabilidade. A manifestação das experiências próprias pede, por isso, um estilo aberto de comunicação, no qual o indivíduo é, em grau elevado, ele mesmo e não se esconde atrás de máscaras, papéis ou defesas. A competência para autoapresentar-se como pessoa faz parte do comportamento de congruência, que constitui um fator indispensável na realização de uma plataforma comum na interação.[48]

Revelando-se a si mesmo na comunidade, o superior estimula os outros à autoabertura e à expressão não-defensiva das próprias experiências e vivências, ao mesmo tempo que "confere ao próprio líder autoridade e credibilidade".[49]

Essa competência se concretiza através do uso das mensagens-em-primeira-pessoa, com as quais o superior se apresenta como portador de experiências e formula os próprios enunciados comunicativos em primeira pessoa. Por exemplo: um superior que está trabalhando com outro padre da mesma comunidade e não quer valorizar e reforçar a contribuição, em vez de dizer: "Esta parece ser uma boa ideia", que é um enunciado não-relacional, pode dizer: "Padre Antônio, a sua ideia me agrada", assumindo, assim, a responsabilidade de dizer como se sente com respeito à ideia ou ao comportamento do outro.

---

[48] FRANTA, H. *Comunicazione interpersonale*, cit., p. 116.

[49] BECCIU, M.; COLASANTI, A. R. *La leadership autorevole*, cit., p. 115.

Alguns destaques conclusivos para o superior comunicador eficaz

A comunicação entre as pessoas parece simples, mas, de fato, necessita de um contínuo treinamento pessoal. É-se tentado a dizer: "Não dá para... [falar, exprimir-se, entender-se]". No entanto, quanto mais nos afastamos das fórmulas rituais sobre o tempo, sobre a saúde ou sobre as informações banais, mais procuramos transmitir impressões pessoais e mais constatamos como é importante entrar na lógica de uma comunicação envolvente entre pessoas diferentes, mas com o objetivo comum da compreensão recíproca.

Percepção "interior" do que se tem a dizer

Uma das coisas que surge com mais clareza destas páginas, e que envolve de maneira específica o superior, talvez seja a importância de construir uma plataforma comum na qual as comunicações adquiram significados propositivos para relações verdadeiramente autênticas entre as pessoas. Vimos que a intenção e o respeito na comunicação interpessoal não excluem a diversidade das opiniões, crenças e culturas; ao contrário, as valorizam de modo novo e eficaz!

Princípio estruturante da plataforma é, neste caso, o vínculo de amor recíproco, através do qual se estabelece uma comunicação entre os membros do grupo. Para que se realize esse amor recíproco, é preciso dispor de atitudes profundas de respeito pela liberdade e dignidade do outro e de comportamentos sociais, de disponibilidade, lealdade e doação.[50]

---

[50] FRANTA, H. *Relazioni sociali nella scuola. Promozione di un clima umano positivo.* Torino: SEI, 1985. p. 50.

Estamos habituados demais a pensar que para guiar uma comunidade é preciso nivelar todos ao mesmo plano, para que se respeitem as regras ou os carismas comuns. A passagem do eu para o nós comunitário é um contínuo trabalho de conversão ao outro, que passa através do "conhecimento" e do "reconhecimento" das suas e das minhas diversidades. É um processo que envolve o superior e a comunidade num trabalho apaixonante, às vezes sofrido, mas certamente enriquecedor, porque leva a descobrir o dom da comunhão que Deus continua a fazer à Igreja e ao mundo inteiro.

Num tempo de divisões e de contínuas ameaças bélicas, num tempo em que parece que a lógica das várias globalizações acaba com a pluralidade das criaturas, emerge a possibilidade de estar com o outro, de escutá-lo, de guiá-lo de modo acolhedor e autorizado, todas características que acentuamos mais vezes para um líder de comunidade. A vida fraterna é testemunha disso.

A comunidade religiosa, cônscia das suas responsabilidades perante a grande fraternidade que é a Igreja, também se torna um sinal da possibilidade de viver a fraternidade cristã, bem como do preço que é preciso pagar para a construção de toda forma de vida fraterna.

Além disso,

em meio às diversas sociedades do nosso planeta, marcadas por paixões e por interesses contrastantes que as dividem, desejosas de unidade mas incertas quanto aos caminhos a seguir, a presença de comunidades onde se encontram, como irmãos ou irmãs, pessoas de diferentes idades, línguas e culturas, permanecendo unidas não obstante os inevitáveis conflitos e dificuldades que uma vida em comum comporta, é já um sinal que atesta algo mais elevado, que faz olhar mais para o alto.[51]

---

[51] *A vida fraterna em comunidade*, n. 56. Cf. também: MUCCHIELLI, R. *Communication et réseaux*, cit., p. 39.

A comunicação como processo de formação contínua

A comunicação pede uma relação dual, portanto um ambiente interpessoal que eduque para maior consciência do processo dialógico. As comunidades religiosas são o lugar privilegiado no qual as pessoas participam da construção de uma plataforma relacional, onde a linguagem e a palavra adquirem significados relacionais não só para quem emite e para quem recebe as mensagens, mas também para todo o grupo comunitário comprometido na "passagem do 'eu' ao 'nós', do 'meu' empenho ao empenho confiado à comunidade, da busca de 'minhas coisas' à busca das 'coisas de Cristo'".[52]

Nesse sentido, a comunicação tem um significado profundo de presença relacional e de consciência do outro que apenas uma escuta empática e respeitosa permite captar. Por isso, ela é o campo do encontro entre as pessoas, seja no âmbito individual, seja no de grupo. Desse encontro o superior é "responsável", no sentido de que ele é interpelado, com o seu serviço de autoridade, a dar respostas que ajudem todos a caminhar para a construção desse espaço de comunhão onde os outros o empenham a "colher" e "acolher" a preciosidade das diferenças recíprocas.

A comunicação é veículo privilegiado para conhecer e compreender essas diferenças. Ai de quem se esquecer disso! Às vezes, estamos habilitados a veicular mensagens comunicativas que "convencem" o outro da justeza das nossas posições, mas são pouco competentes para acolher a diversidade da mensagem que o nosso interlocutor nos envia.

"Se, ao contrário, nos deixarmos modelar por um estilo comunicativo que empenha cada um a reconhecer a alteridade

---

[52] *A vida fraterna em comunidade*, n. 39.

como um Dom, também os outros comportamentos relacionais serão marcados pela autenticidade e pela colaboração."[53]

Por isso a exigência de formar-se, com a ajuda autorizada de quem exerce o papel de autoridade, para ser capaz de comunicar eficazmente e para definir de um modo sempre novo as relações com os outros. Assim, poderemos ativar comportamentos que favoreçam um clima de confiança e de aceitação recíproca, em que cada um redescobre a riqueza da diversidade do outro nas suas mensagens comunicativas e, consequentemente, no seu comportamento interpessoal.

---

[53] CREA, G. Benessere comunicazione. *Testimoni* 4 (2003) 12.

3

Comunicar a mudança, comunicar na mudança

Vincenzo Comodo

Comunicar-se é uma condição vital absoluta! Um conceito que, mediante esta simples definição, "comunica" o que é fundamental para a existência. Em toda realidade, em cada circunstância, em cada condição. O ser humano é um ser social e, em virtude da sua sociabilidade, tece relações através da comunicação. Isso é algo a ser observado não só na perspectiva exclusivista do ser humano, mas também na perspectiva mais geral da sociedade. E, de maneira particular — em relação ao assunto tratado —, a analisar ao longo da dimensão da organização principalmente.

Qual é, pois, a ligação entre comunicação e organização? Quais são os deveres de um líder para gerir da melhor maneira possível o seu papel de comunicador? Como comunicar a mudança? Como infundir motivação no grupo? Quais "meios" utilizar para exercer incisivamente a própria liderança? Como comunicar dentro e fora da própria organização? Esses são alguns dos principais nós que tentaremos desfazer ao longo destas páginas.

É bom sublinhar que as respostas que se seguirão aos problemas enumerados terão um valor puramente religioso, ou seja, serão propostas em função da vida consagrada. Esta explicação é ditada pela exigência de acentuar a diferença substancial — além de substanciosa — da *missão* das organizações religiosas com relação às de qualificação diferente. É exatamente esta *diversidade* "fundante" que permite captar aspectos particulares que caracterizam a liderança religiosa. Além disso, de maneira mais específica — ou seja, em referência ao tema da comunicação —, ela sempre permite compreender as motivações pelas quais um líder deve aplicar algumas técnicas ou práticas de comunicação em situações particulares ou, em sentido amplo, por que deve assumir uma determinada conduta comunicativa em circunstâncias ordinárias.

Para evitar que a atividade comunicativa de um superior ou de uma superiora seja entendida unilateralmente, acentua-se logo que ela se desenvolve seguindo um vetor duplo: *ab intra* e *ad extra*. Isso significa que um líder está empenhado em cumprir tal função seja na própria organização, seja no contexto social no qual a sua comunidade está presente. Além disso, tal bidirecionalidade, sendo caracterizada exatamente pelos aspectos indicados, demonstra como a comunicação é uma parte essencial da liderança. Mesmo quando é vivida dentro, ou fora, da organização de pertença.

Um líder, portanto, para exprimir uma *comunicação* fértil, é obrigado a comunicar-se nas duas vertentes que acabamos de citar. A cada uma delas correspondem determinadas razões. No que concerne à primeira, deve esforçar-se a fim de que a mudança — com todas as suas urgências — seja comunicada da melhor maneira. Deve fazer com que o clima da organização seja tendencialmente positivo; deve fazer com que a coesão do grupo seja reforçada; deve aplicar fórmulas expressivas tais que alimentem o entusiasmo dos membros; deve dirigir inteligente-mente as relações interpessoais.

No entanto, no que diz respeito à segunda vertente, é preciso conhecer os *media* e aprender as principais linguagens da indústria cultural, isto é, de todo o complexo e articulado sistema dos produtos *massmediáticos* e *newmediáticos*. Tal exigência resulta do fato de os grandes meios de comunicação representarem as mais sugestivas vitrinas em que são expostos os "costumes" comportamentais, constituirem as principais fontes das quais jorra a informação e a cultura mais imediata, "aparecerem" como os mais diretos pontos de referência para a determinação da "visão" do mundo. Em termos mais críticos, os *big media* devem ser considerados como os veículos sobre os quais viaja a mudança, como as telas nas quais o devir é projetado nas representações do Novo.

No entanto, observe-se bem que, com o advento dos *new media*, a comunicação passou por modificações profundas. De fato, graças à informática e às novas tecnologias eletrônicas evoluídas, ela se enriquece com novas oportunidades comunicativas. O fluxo mediático supera os limites da *comunicação em sentido único* típica dos *mass media*. "Através" dessa modalidade comunicativa, o destinatário tem apenas uma participação passiva. Não pode "responder". Não se pode tomar parte no processo da comunicação ativamente.

Graças ao digital, abrem-se novos horizontes culturais. Não só, porém. Além do aspecto propriamente mediático, deduzem-se também extraordinárias oportunidades relacionais, abrem-se caminhos excepcionais de socialização, mas também ocasiões inovadoras para reforçar a solidez de uma organização.

Ao registrar esse tipo de potencialidade — no momento praticamente sem expressão na vida consagrada, a não ser de forma esporádica —, um líder religioso poderia considerá-la melhor em vista dos efeitos benéficos altamente positivos perceptíveis pela própria organização, como, por exemplo, o aumento do sentido de pertença à Congregação ou ao Instituto, a percepção mais pessoal da mudança, a fermentação da identidade de grupo.

Além disso, os *new media* — e de modo particular a Internet —, enquanto *ambientes* de confluência intercultural, se colocam como lugares (mesmo se virtuais) de comparação de valores, mas, em virtude da citada interatividade, se oferecem como espaços nos quais lançar estratégias inusitadas e inéditas. Como exemplos são citados, por enquanto, a eventualidade de elaborar planos de ação com vistas a promover o carisma de fundação e, também, a possibilidade de viver, no oceano internético, algumas iniciativas que visam a "pescar" vocações.

Um líder consagrado não pode deixar de tomar nota desses cenários socioculturais revolucionários e adicionais; das necessidades imperiosas de consolidar a unidade da Congregação ou do Instituto; das necessidades prementes de perceber a mudança em curso, bem como de enfrentar de forma mais compacta os desafios lançados pela ultramodernidade. Para gerir ao máximo este momento histórico "evolutivo", é preciso viver mais intensa e astutamente a própria liderança, orientando boa parte dos recursos e das atenções pessoais para a variável da *comunicação*. Comunicar com eficácia é uma urgência inadiável. Também na vida consagrada.

Saber "ler" o Novo para "comunicar" a mudança

Para *ler*, é indispensável ter conhecimento dos significados atribuídos aos sinais e aos símbolos. Sem saber qual é o significado juntado às inumeráveis, variadas e incomensuráveis expressões da existência, é impossível compreender o seu sentido. A leitura brota desse pressuposto.

É praticamente inverossímil interpretar o valor semântico das coisas sem uma contínua erudição semiótica. Isso equivale, substancialmente, a afirmar que o universo dos signos não foi criado de uma vez por todas, que não é denotado por uma fixidez "congelada" e por um imobilismo "absoluto". Ao contrário, caracteriza-se por uma mutabilidade irreprimível, por um movimento evolutivo natural, por uma atividade incessante de modificação. Por sua vez, isso quer dizer que, para compreender tal *movimento cultural*, é necessário não apenas observar, mas também codificar as mudanças ocorridas no imenso espaço cognitivo que é o da semiótica, da *ciência dos signos*.

É inegável que o "motor" (terreno) desta gênese seja o ser humano. Assim como é irrefutável que ainda seja o intérprete da atribuição dos *significados* aos novos *significantes*.

Ao "interpretar" esta criação dos sinais no plano social, não é realmente difícil admitir que, para estar em condições de *ler* corretamente o Novo, é quase obrigatório estar informado sobre o devir, é absolutamente determinante perceber as formas do presente e entender exatamente os conteúdos relativos. Sem uma aplicação essencial da relação *observação-codificação* dos sinais contemporâneos, é bastante difícil identificar e classificar as tendências do momento corrente; parece problemático o levantamento dos motivos "geradores" do ser humano no tempo atual.

Ao "ler" essa condição de constante atualização sociossemiótica relativamente ao exercício da liderança, deduz-se facilmente quanto é imprescindível a adoção dessa regra para conduzir uma organização nos caminhos do sucesso. Um líder, portanto, não pode ignorar um fenômeno semelhante de produção de sinais e símbolos para dirigir eficazmente a organização própria. Sobretudo num cenário social irrequieto e turbulento como é o pós-moderno.

Passando de um nível geral para um particular da liderança como ela se dá na vida consagrada, destaca-se visivelmente como é decisiva a tarefa de um superior ou de uma superiora: identificar as tendências culturais dominantes e os veículos expressivos mediante os quais elas se propagam. Um líder religioso, portanto, para cumprir a missão de guia, não pode deixar de fazer um monitoramento assíduo dos princípios do viver maiormente difundidos e "professados" na realidade de hoje. Não pode ser surdo às vozes do cotidiano, não pode ser cego com respeito às imagens do mundo, emitidas e transmitidas principalmente pelos *mass media*. Não pode deixar de perceber as sugestões da combinação audiovisual.

Ainda mais, não pode deixar de notar o fascínio da multimedialidade e o envolvimento da interatividade — estipulação do conúbio ser humano-máquina! — espalhado e "provado" corporalmente através dos *new media*. Portanto, não se pode subtrair-se à obrigação de aprender as novas linguagens da globalidade. Sem aprender tais inovações e modos cada vez mais planetários de comunicar-se, é bastante difícil *entender* e *comunicar* a atualidade.

À luz deste salto mundializante, o líder religioso, poderosamente impelido pela responsabilidade da condução, é obrigado a entrar em diálogo com um presente progressivamente intercultural. Lembrado da lição ensinada por Deus de falar à humanidade segundo a cultura de cada época,[1] ele não pode ignorar esse ensinamento. Portanto, colocar-se na escuta dos motivos existenciais anunciados pelos meios de comunicação e pôr-se num local de

---

[1]   Cf. *Gaudium et spes*, n. 58.

observação "crítica" *sobre os* modelos de vida "promovidos" pelos *media* seria, sem dúvida, útil para compreender quanto "a cultura dominante transmite valores falsos, contrários ao bem genuíno dos indivíduos e dos grupos".[2]

Evitando o rótulo de apocalíptico,[3] precisamos que, com essa afirmação, não se quer, de fato, sustentar que todos os valores que "passam" através dos meios de comunicação sejam autenticamente enganosos e mentirosos. Não. Queremos, simplesmente, evidenciar que a maior parte do que se "expõe" sobre eles está sujeita a consumo e — por conseguinte — à consumibilidade, à caducidade.

Ao destacar esse aspecto, será possível distinguir a verdade da mentira, será possível separar o grão dos valores duradouros da palha[4] das formas do efêmero. Será possível operar um discernimento que não seja fim em si mesmo, que não tenda banalmente a captar os elementos de diversidade entre as organizações religiosas e as de outra natureza, mas, bem considerado, observe as diferenças entre sua missão, registre os ideais fugidios de "sucesso" (entendido, neste caso, no sentido propriamente industrial-cultural) vigentes na ultramodernidade. Ao fazer essa seleção, será mais fácil anotar as perturbações e os frenesis da mudança.

---

[2] Pontifício Conselho das Comunicações Sociais. *Ética na Internet*, n. 11.

[3] Relativamente ao debate sobre os *mass media* e os seus efeitos sociais, foram criadas duas facções distintas e contrapostas: a dos difamadores e a dos exaltadores. Para representar esta dialética, Umberto Eco classificou esses dois grupos como *apocalípticos* e *integrados*. Para os primeiros, o advento dos *mass media* teria provocado a derrocada de toda civilização verdadeira e de toda cultura autêntica; os segundos, por sua vez, foram portadores de vantagens. Acerca dos eventuais perigos que derivam da sua ação mediática e da sua produção cultural, confiavam na identificação de formas de defesa e de ações eficazes de oposição (Cf. ECO, U. *Apocalittici e integrati*. Milano: Bompiani, 1964).

[4] Cf. Lc 3,17.

Então, é bastante claro notar — graças exatamente a essa atividade investigativa — como é importante que um líder desempenhe também as funções de *sense-maker*.[5] Ao não desenvolver a capacidade de verificar os sinais da mudança, ele topará com diversos obstáculos ao pilotar a sua organização. A superação dos obstáculos estará condicionada à destreza e à prontidão em observar as perturbações da cultura. E de novo, sem voltar decididamente as próprias atenções para a simbologia "pensada" e fornecida principalmente pelo sistema mediático (também em *domicílio*, vista a hospitalidade *doméstica* concedida ao rádio, à televisão, à imprensa e, recentemente, ao cinema — graças às soluções do *home theater*), ao *homo videns* ou *technologicus* (se se preferir dizer, embora sempre consumidor potencial!), será difícil imortalizar analiticamente o devir.

Portanto, *saber ler* os "sinais" do tempo é sinônimo de saber interpretar as transformações dos hábitos e dos comportamentos plenamente em ato, de saber avaliar as "visões" do mundo propostas pelos *mass media*, de saber descobrir quais "ofertas" e quais alternativas se perfilam no plano da existência "publicizada".

Ao focalizar o discurso nos termos da liderança, esse *saber ler* significa, essencialmente, saber observar a mudança. Mas constitui também a condição primária sem a qual é inimaginável *comunicar* a própria mudança, condição póstuma para a desejada definição de estratégias sensatas e positivas da organização.

---

[5] Sobre este assunto, assinala-se a utilidade da contribuição de M. Alvesson, "Leadership come azione di integrazione sociale", in: G. P. Quaglino (Org.), *Leadership. Nuovi scenari di leader per profili organizaativi*, Milano: Raffaello Cortina, 1990, pp. 107-136. Remete-se, além disso, à consulta de E. Schein, *Organizational Culture and Leadership*, San Francisco: Jossey-Bass, 1985.

Um líder não pode interromper a "leitura" do "cotidiano" (obviamente, no sentido sociológico, temporal, não no sentido jornalístico), a fim de evitar o perigo de não estar adequadamente a par das manifestações e dos fatos relativos à vida social e cultural. Esta norma vale, com maior razão, para os líderes consagrados. Para eles, de fato, não possuir uma informação atualizada sobre as formas do costume, sobre as expressões antropológicas do viver coletivo, sobre a lógica imperante — racionalmente econômica[6] — da produção dos signos e dos símbolos, constituiria um enorme fator de impedimento para a percepção e, consequentemente, para a comunicação da mudança, tendo em vista as campanhas de promoção da cultura das organizações religiosas.

Liderança e comunicação

Querendo fornecer uma definição elementar e orientativa, a comunicação pode ser qualificada como o processo de transmissão das informações de um remetente a um destinatário. Uma definição que na sua simplicidade sintetiza o movimento das mensagens de (*from*) um que transmite para (*to*) um que recebe. Este é um fluxo que está na base de toda relação humana. Sem comunicação não há interação, não é possível instaurar nenhum tipo de relação.

Sem penetrar nesse território conceitual muito vasto, e em progressiva ampliação — para efeito das incursões das tecnologias mediáticas no vivido tanto público como privado —, é suficiente ter destacado que a comunicação é o elemento funda-

---

[6] Cf. COMODO, V. Leadership e cultura del cambiamento. In: POLI, G. F.; CREA, G.; COMODO, V. *Stili di leadership e vita consacrata*. Roma: Rogate, 2003. (N. E.: A ser publicado brevemente por Paulinas Editora.)

mental, vinculante e insubstituível para o viver juntos. Ela é a seiva vital para a existência. Não se pode *ser* sem comunicar-se.

Passando dessa reflexão de matriz ontológica para uma consideração de corte organizativo, é oportuno pôr em evidência em que medida a comunicação é aquele "princípio" igualmente (além de logicamente) indispensável para avaliar tal assunto na ótica das ciências da organização. E, de maneira mais particular, em torno da questão da liderança.

Acerca do cumprimento do mandato do líder, de fato, a comunicação representa o principal instrumento mediante o qual exercer a liderança. É o meio pelo qual alimentar as relações *na* organização e *da* organização, isto é, seja internamente, seja externamente. É o canal pelo qual um líder deve fazer correr a "habilidade de motivar, de influenciar, de tornar possível que outros contribuam para a eficácia e o sucesso da organização de que são membros".[7] É o caminho que um guia deve percorrer para captar — *in primis* — e apresentar — *in secundis* — a mudança. E nessa estrada deverá examinar quais itinerários "administrativos" e estratégicos deverá empreender para o bem da comunidade.

Partindo da afirmação de que a comunicação é, também, um dos universais simples da liderança, ou seja, que é uma das características comuns a todas as culturas que favorecem o afirmar-se do líder excelente,[8] torna-se não só bastante fácil

---

[7] Cf. COMODO, V. Verso una cultura della leadership nella vita consacrata. In: POLI, G. F.; CREA, G.; COMODO, V. *La sifda dell'organizzazione nelle comunità religiose*. Roma: Rogate, 2003. [Ed. bras.: *O desafio da organização nas comunidades religiosas*. São Paulo: Paulinas, 2008.] Para ulteriores aprofundamentos, ver: BODEGA, D. *Le forme della leadership*. Milano: ETAS, 2003. p. 3.

[8] Cf. COMODO, V. Leadership e cultura del cambiamento, cit. BODEGA, D. *Le forme della leadership*, cit., p. 127.

reconhecer quanto, em cada organização, é importante, mas também decisivo, *comunicar-se.*

Limitar-se, porém, a discutir a importância do *comunicar-se* não basta para identificar o aspecto nodal da comunicação na realidade em exame. De fato, não é suficiente — além de propício — sublinhar a primariedade dessa existência. Analiticamente, de fato, é preciso juntar a essa necessidade o seu complemento direto. De maneira mais simples, trata-se de especificar *o que é comunicar-se.*

No entanto, esta ulterior especificação também não cobre completamente o campo da temática; estão faltando outras dimensões conceituais. Para fazer um tratamento mais exaustivo e mais integral do processo, é conveniente, então, inspirar-se no modelo da comunicação de Lasswell. Este insigne expoente da *communication research*[9] sustenta que "um modo apropriado para descrever um ato de comunicação é responder às seguintes perguntas: quem? diz o quê? através de que canal? a quem? com que finalidade?".[10] Precisar que essa sucessão de perguntas é apresentada para o estudo da comunicação com referência aos *mass media* não implica descartar a utilidade de empregá-la também na pesquisa do próprio processo relativo à liderança.

Mas, para aumentar a qualidade vantajosa dessa sequência, utilizando as clássicas cinco perguntas às quais um jornalista deve responder para a apresentação clara e completa de um

---

[9]　A *communication research*, locução com a qual se simplifica a expressão a "ciência das comunicações de massa", "é entendida [...] como o estudo integrado, nos níveis social, cultural e psicológico, do processo da comunicação e dos efeitos dos *mass media* sobre o público" (Cf. STRATERA, G. *Società e comunicazioni di massa*. Palermo: Palumbo, 1989, p. 62).

[10]　LASSWELL, H. The Structure and Function of Communication in Society. In: BRYSON, L. (Org.). *The Communication of Ideas*. New York: Harper, 1948. p. 84.

acontecimento,[11] seria conveniente inserir também as perguntas relativas à "colocação" espaciotemporal, à modalidade de manifestação e — de modo particular — às razões concernentes ao argumento *in fabula*. Portanto, tratar-se-ia, substancialmente, de pôr-se os quesitos "onde?, quando?, como? e por quê?" comunicar a liderança.

Ora, tomando nota do corte *introdutivo* dessa reflexão sobre a ligação *comunicação-liderança*, dá-se uma prioridade analítica às problemáticas do *por que* e do *que* um líder deve comunicar. Por tais motivos, serão fornecidas respostas mais explícitas e articuladas para essas duas perguntas precisas, enquanto às outras — mesmo nos parágrafos seguintes — se reservará uma consideração menos direta e mais de orientação, exatamente pelo caráter não especialista de tal intervenção. Para uma exposição mais meticulosa e sistemática, remetemos a outras contribuições mais "manualistas".

Optando por essa pista "seletiva" e confortados pela afirmação do próprio Lasswell acerca da tendência a concentrar-se numa ou em algumas perguntas ao estudar cientificamente o processo comunicativo,[12] entramos no mérito das questões acima referidas. É oportuno sublinhar que também nesse caso a observação pode ser conduzida na direção *ab intra* ou na direção *ad extra* da organização. Portanto, diante de tal encruzilhada

---

[11] Uma das práticas clássicas do jornalismo, particularmente do jornalismo anglo-saxão, é apresentar um acontecimento aplicando a chamada regra dos cinco "W", ou seja: "who?", "what?", "where?", "when?", "why?". Segundo essa praxe, um jornalista, para noticiar exaustivamente um fato, deverá buscar elementos guiado pelas perguntas: "quem?", "quê?", "onde?", "quando?", "por quê?". Cf. também: EILLERS, F.-J. *Comunicare nella comunità*. Leumann (TO): Elle Di Ci, 1997. p. 94.

[12] Cf. LASSWELL, H. The Structure and Function of Communication in Society, cit., p. 84.

analítica, neste capítulo seguiremos a vertente interna, ao passo que, no seguinte, a externa.

Tal escolha provém da necessidade de acentuar o fato de que, para enfrentar o ambiente *fora* da organização, é necessário criar condições fecundas *dentro* dela.

Feito o esclarecimento ulterior, só resta chamar a atenção sobre *por que* um líder deve comunicar-se, situando-o — particularmente — na área da vida consagrada.

Por que um líder deve comunicar-se

Se, a este respeito, a pergunta for espontânea, a resposta surge igualmente de modo natural exatamente pela liderança. Com efeito, na própria definição de liderança se encontram, de maneira metódica, as razões de tal exigência comunicativa nos três verbos principais: para *motivar*, para *influenciar*, para *envolver* (termo não presente, mas que pode ser entendido como síntese do "tornar possível que os outros contribuam para a eficácia e o sucesso da organização da qual são membros"). É proveitoso acrescentar uma nota argumentativa a essas "explicações" particulares.

Quanto a *comunicar para motivar*, reconhece-se, indubitavelmente, que a motivação se torna um fator determinante para agir na situação em que o Instituto ou a Congregação se encontra inserido. Considerando que as sociedades de hoje são "investidas" de uma onda de valores pelo consumo fácil e instantâneo, a motivação — com base na constatação desta realidade de fato — assume um significado crucial para exaltar os princípios da própria missão [*mission*], o contrário de consumíveis, meteóricos e usuráveis. A motivação é ditada pela exigência de regar o carisma da fundação e revigorá-lo através de obra eclesialmente edificante conduzida pela organização.

A motivação nasce da necessidade de alimentar e regenerar (eventualmente) os entusiasmos dos membros da Congregação, demonstrando a importância indubitável de uma intervenção sua no presente a fim de contribuir para a realização do plano salvífico. A motivação, portanto, visa a estimular o cristianismo dos religiosos e fazer com que este se traduza eficazmente em testemunhos corroborantes e fortificantes de fé. Do ponto de vista da liderança, é dito secamente que a motivação "é um verdadeiro elemento de construção, que dá forma à liderança no modo como se exprime".[13]

No que diz respeito, porém, a *comunicar para influenciar*, acentua-se que cabe ao líder — especialmente o consagrado —, enquanto condutor de uma organização, a tarefa de tomar as decisões. Em virtude desse poder de decisão, a comunicação deve *refletir*-se na deliberação das escolhas, exercendo a *influência* própria. Esta, porém, não deve ser considerada na acepção persuasiva tipicamente publicitária — como prática assentada do desejo, como arte de excitação da posse —, mas sim entendida como ação de convencimento acerca da oportunidade de fazer uma escolha "motivada" com base em respostas empíricas, dados realmente levantados. Portanto, influenciar, substancialmente, quer dizer convencer do porquê iniciar uma determinada ação, tomar um certo caminho, tender para uma solução particular.

Finalmente, acerca de *comunicar para envolver*, chama-se logo a atenção para quão determinante é fazer crescer e perceber o sentido de pertença à organização. Essa importância deriva da necessidade de reforçar a coesão do Instituto e o correspondente espírito de equipe nos atuais tempos de "guerra global",[14] nos ambientes socioculturais nos quais se combate um conflito

---

[13] BODEGA, D. *Le forme della leadership*, cit., p. 123.

[14] COMODO, V. Leadership e cultura del cambiamento, cit.

intercultural planetário. Envolver, portanto, está fortemente correlacionado com o poderoso benefício de ter em alta consideração a moral de conjunto, de sentir-se comunidade realmente comprometida nas várias frentes das hostilidades citadas, de "provar" o frescor dos valores da Congregação.

O envolvimento também é impulsionado pela urgência de atualizar as modalidades de conduzir a organização na complexidade dos cenários sociais contemporâneos. Faz-se referência, particularmente, à positividade do envolvimento produzida pelo "cultivo" de uma cultura fecunda de liderança:[15] "prescrições" importantes para o crescimento e o amadurecimento de uma cultura da organização.

Dessa exposição resumida sobre *por quê* um líder deve comunicar-se à própria equipe não é difícil compreender como são delicados os equilíbrios entre as razões da motivação, da influência e do envolvimento para gerir e para "dirigir" da melhor maneira uma organização religiosa.

Que é que um líder deve comunicar

Sobre este assunto é muito útil a consideração das orientações do episcopado italiano para a primeira década do ano 2000. Com efeito, uma das respostas à pergunta "que é que um líder deve comunicar?" pode ser tirada do título do documento no qual elas são ilustradas: *Comunicar o Evangelho num mundo em mudança*. Como facilmente se deduz, o compromisso da Igreja de anunciar a Boa-Nova é bem destacado. Mas a explicação sobre por que se acentua a missão evangélica do Povo de Deus é colhida exatamente na mudança.

---

[15] Cf. QUAGLINO, G. P. (a cura di). *Leadership...*, cit., pp. 26-29.

No momento atual, atribuir a esta temática um interesse particular — desde a "primeira página", ou, melhor, desde a capa — não quer dizer que o mundo, no curso da sua história, não tenha mudado: a mudança é inerente à lógica da existência. O fato de ter posto em primeiro plano tal dinâmica remete à vertiginosa velocidade crescente dos ritmos sociais impressa pelas culturas "produzidas" na *nossa* ultramodernidade. E considerando o repentino suceder-se próprio das culturas *criadas para ser destinadas ao consumo* e o duelo de valores travado entre elas e aquelas da tradição, pode-se afirmar que aquela *ruptura* entre Evangelho e cultura,[16] já notada por Paulo VI na *Evangelii nuntiandi*, pode tornar-se *fragmentação*.

Essa sucessão febril de culturas instantâneas, fulgurantes, invasivas, desgastantes, mostra quanto é imperioso "dar um futuro à transmissão da fé num mundo em forte mudança".[17] Testemunha como é importante que todos os católicos se apercebam dessa urgência, à luz das metamorfoses nervosas do costume. Sim, para todos os católicos, mas de maneira muito mais particular para quem é diretamente responsável pela difusão e pela promoção da cultura eclesial, "meio" primário através do qual "transmitir" o Evangelho. E entre esses últimos não se pode deixar de fazer referência aos guias das organizações de vida consagrada.

Então, não é difícil observar que uma das principais tarefas que um líder religioso deve desempenhar é exatamente a de comunicar a mudança. Comunicar a mudança à sua organização a fim de que esse boletim cultural se torne conhecido e analisado em função do contexto (*onde*) em que a Congregação atua; a fim de que, através de tal exame, seja definida uma renovada

---

[16] *Evangelii nuntiandi*, n. 20.

[17] CONFERÊNCIA Episcopal Italiana. *Comunicaree il Vangelo in un mondo che cambia. Orientamenti dell'Episcopato italiano per il primo decennio del Duemila*, n. 45.

estratégia organizativa, para que, por essa tomada de consciência, seja composto o contracanto mais ouvido e seja "emitido" operativamente através de uma determinada pulsão missionária. Disso se deduz como a comunicação da mudança pode ser seguida também por uma mudança de ação. Para tal propósito, é útil a referência a uma contribuição de Bodega. Este, de fato, sustenta que

> o líder de uma organização se torna aquele que, com a técnica, revela o que já está contido no ciclo da história e da natureza, libera as suas qualidades ocultas, a saber:

- a experiência da mudança é inerente à natureza da organização;
- o compromisso com a mudança é funcional à qualidade do líder que guia a mudança, aos reconhecimentos ligados à mudança e às consequências negativas da não-mudança;
- a capacidade de conduzir as pessoas para uma nova situação é amplamente distribuída nos líderes da organização;
- as capacidades de aprendizagem de cada unidade que compõem uma organização são suficientes para um processo de modernização.[18]

Essa última passagem permite apresentar um outro "assunto" acerca do *que um líder deve comunicar*: permite juntar a *comunicação da mudança* com a *comunicação da motivação*. De fato, as capacidades que um membro de uma organização tem de aprender, na medida em que derivam de uma dotação natural, dependem da habilidade de quem está encarregado de fazer aprender. No caso em análise, da destreza do líder para fazer aprender a mudança e, mediante ela, a gerar ou a ressuscitar uma razão calorosa.

---

[18] BODEGA, D. *Le forme della leadership*, cit., p. 105.

Para fazer de maneira que se lancem claros *inputs* motivacionais e que se irriguem os entusiasmos emurchecidos, é oportuno que um líder ilustre realmente a complexidade da época; que observe quanto é necessária a colaboração de cada membro da organização — não apenas do ponto de vista consultivo, propositivo e executivo, mas também nos termos do clima e da coesão do time ; que "renove" as responsabilidades eclesiais e ministeriais de cada um, lembrando que a satisfação não é uma virtude cristã, que "sentir que chegaram" não significa "estar juntos" na última meta da própria experiência religiosa; que insista no princípio de que a força da organização se verifica na união da comunidade; que recorde quanto é importante a atuação dos consagrados e a sua atividade promocional da cultura eclesial para a realização do Reino, num tempo antropológico marcado por violentos e acérrimos ataques interculturais.

Neste *milieu* global extremamente agitado e belicoso, a comunicatividade de uma liderança é absolutamente considerada como uma condição importantíssima a ponderar para formar uma visão vencedora do papel do líder. Há de acentuar-se que ela é conotada essencialmente nos termos do *por que* e do *que comunicar*, pondo em destaque peculiar quanto é decisivo ilustrar correta e realmente os motivos exasperados da mudança "corrente" (sempre mais veloz!) e quanto é vital infundir uma motivação corroborante no *corpus* da organização "num mundo que muda" de maneira sempre mais rápida.

Para uma comunicação eficaz da liderança

Comunicar a liderança é uma prerrogativa incontestável para o governo de uma organização. Esta não é de maneira alguma uma afirmação fantasiosa, porquanto plenamente legitimada e abundantemente "demonstrada" não só pelo fervilhar dos estudos sobre o assunto, mas também pela inimaginibilidade de cumprir as funções de líder de boca fechada, no mais hermético dos mutismos. A uma prova de ordem científica, portanto, se acrescenta uma de tipo lógico.

Limitar-se, porém, a reconhecer a validade da afirmação acima na "expressão" relativa expõe ao risco de descuidar de um fator primário, a saber: a eficácia da comunicação. A simples comunicação de um líder, de fato, não garante a prática de uma liderança prolífica, pois, para exprimir da melhor maneira essa *habilidade* — através da motivação, da influência e do envolvimento —, é indispensável que a sua comunicação seja *efetivamente* eficaz. Noutras palavras: isso significa que, para criar uma condução exitosa, um chefe também deve ser um bom comunicador. No entanto, para ser um bom comunicador é necessário observar algumas regras.

A seguir, a fim de oferecer um quadro sumário de tais qualidades — e sem a presunção de exaurir o assunto nas descrições correspondentes —, serão ilustradas as principais regras.

Saber escutar

Para exprimir mais claramente esta regra, é preciso dar uma explicação imediatamente: não se há de entender a comunicação univocamente, mas em função da mão dupla do fluxo comunicativo. De maneira mais elementar, isso quer dizer que um comunicador não deve ser considerado apenas como aquele que somente fala, mas deve ser visto como aquele que, ao mesmo tempo, escuta. A comunicação não é um processo em sentido único, pois se realiza, se "transmite" nos canais da transmissão e da recepção.

Com base nesse esclarecimento, não é difícil deduzir que o primeiro dom de um comunicador é o de escutar, ou melhor, de saber escutar. Entre escutar e saber escutar, de fato, existe uma diferença enorme representada, substancialmente, pela atenção dirigida ao interlocutor. Esta pode ser manifestada principalmente através de olhar a pessoa com a qual se fala. Voltar o próprio olhar é sinônimo de interesse. Prestar atenção de maneira banal ou forçada, ao contrário, lançando sem vontade apenas algum olhar ao dialogante — de soslaio —, é indicativo de desinteresse. A "escuta ativa",[19] portanto, constitui um indicador claro de consideração, de modo diferente da escuta passiva, que revela frieza, indiferença, menosprezo.

Um outro elemento de atenção, sempre com referência ao saber escutar, é, sem dúvida alguma, o da curiosidade, que se manifesta formulando perguntas, de preferência *abertas* e *não fechadas*, ou seja, fazendo interrogações que permitem que o interlocutor se exprima em liberdade e não responda de maneira seca, monossilábica. Também as do último tipo contribuem para obter informações, mas aquelas atribuíveis à primeira categoria permitem não apenas coletar mais dados, mas também *comunicar* cuidado e atenção. Segundo Looss, a curiosidade é um dos combustíveis essenciais para obter informações.[20]

Um líder deveria, sempre, lembrar-se de que, mediante a técnica de mostrar interesse e curiosidade, é possível adquirir elementos válidos para depositar na base de dados cognitiva própria, para tratar na oficina criativa própria, para reelaborar no laboratório estratégico próprio. Da mesma maneira, não pode esquecer que uma das suas funções principais é recolher

---

[19] Cf. INTONTI, P. *L'arte dell'individual coaching*. Milano: Anteli, 2000.

[20] Cf. LOOSS, W. *Coaching per manager*. Milano: Angeli, 1991.

informações, filtrá-las criticamente pela definição das decisões. Por isso, acentua-se que saber escutar é o primeiro passo a dar para criar uma comunicação frutuosa.

Comunicar eficazmente

O título desta subdivisão também poderia ser "comunicar claramente", mas o sentido não seria o mesmo. De fato, o significado do advérbio *eficazmente* vai além da clareza da exposição. Do ponto de vista comunicativo, ele é superior, pois remete a um estágio posterior da comunicação, o da decodificação exata da mensagem, o da compreensão correta da ideia enviada pelo remetente, por parte do destinatário; o de uma comunicação que se pode dizer, concretamente, exitosa. Portanto, *comunicar eficazmente* quer dizer que o processo comunicativo foi concluído alcançando os objetivos do emissor, ou seja, que a informação transmitida foi não só recebida, mas também entendida pelo receptor.

Depois de tais esclarecimentos se deduz — de modo bastante fácil — que um falar ordenado, uma linguagem límpida, uma expressão brilhante não garantem que se produza uma comunicação de sucesso. A razão para tal incerteza está na ação dos elementos de incômodo.[21] Estes, de fato, podem comprometer os resultados da comunicação.

Sem nos demorarmos no assunto, que merece uma consideração sem dúvida mais digna e mais decorosa — além de apoiada por aprofundamentos evidentes —, empregamos essas reflexões com relação ao trinômio motivação-influência-envolvimento no

---

[21] Para ulteriores aprofundamentos, ver: SHANNON, C. E.; WEAVER, W. *The Mathematical Theory of Communication*. Urbana-Champaign (IL), University of Illinois Press, 1949.

âmbito organizativo. Antes de tudo, devem ser indicadas algumas barreiras que poderiam dificultar a "expressão" da liderança e que, portanto, poderiam obstruir o fluxo comunicativo que visa a persuadir, a motivar e a envolver, exatamente. Levando em conta a sua numerosidade, torna-se necessária uma seleção adequada das barreiras, com base no parâmetro da utilidade para a necessidade. Isso pressuposto, passemos para a sua descrição.

Um dos obstáculos recorrentes é, sem dúvida, o do chamado *estereótipo*, ou seja, o daquele esquema perceptivo pré-definido que qualifica, no nosso universo de pensamento, uma determinada categoria de pessoas. Deve, sem dúvida, ser evitado. Para um líder, de fato, não seria profícuo deixar condicionar-se por esse vício mental, deixar-se sugestionar acriticamente por ulteriores avaliações feitas anteriormente — por ele mesmo ou por outros. Ser presa fácil dessa nociva e desviante inclinação, certamente, não aproveitaria à gestão da comunicação. Sobretudo dentro da organização.

Outro obstáculo dessa tipologia é constituído pela *percepção seletiva*. Diariamente, recebemos uma infinidade de mensagens. Logicamente, pelo fato de serem tão numerosas, não podemos prestar a todas a mesma atenção. Seria, então, vantajoso "instalar", mentalmente, um filtro que permita acesso à nossa área (biológica) atenta apenas para as coisas classificadas como necessárias. No entanto, é claro que tal filtragem crítica é regulada por mecanismos automáticos, nos quais não é estranha a presença e a ação do inconsciente. Por isso, também a atenção seletiva pode provocar equívocos, incompreensões e mal-entendidos. Por isso, um líder, mesmo atribuindo um valor "superior" a certos fatores culturais e a determinados elementos comunicativos, não pode evitar esse risco no controle, ou, também, no autocontrole do tráfego das informações.

Uma última dificuldade que um líder pode encontrar, do ponto de vista da comunicação, é ter preconceitos acerca do interlocutor. Se, de fato, antes ainda de iniciar uma relação comunicativa com alguém, nutre por ele dúvidas quanto à sua confiabilidade, sua credibilidade e sua seriedade, em suma, se não tem uma imagem positiva dele, os conteúdos de suas mensagens estão sujeitos a uma interpretação prévia. Por essa razão, as mensagens poderiam ser minimizadas, depreciadas ou, até, alteradas na sua substância.

Por conseguinte, um líder que tem a obrigação de adquirir o maior número de dados e de avaliá-los com vistas às decisões a tomar para a condução da organização e a fim de criar dentro dela um clima favorável e salutar para o bem da equipe deveria evitar cair nessa armadilha. Toda informação tem um valor seu "específico", variável, diferente, contudo sempre tem um valor.

A esta altura, é preciso admitir que tirar barreiras pode influenciar na estrutura comunicativa. Em vista disso se admite que algumas dificuldades podem ser verificadas no processo comunicativo. Fazendo referência ao modelo de Jakobson,[22] é possível perguntar quais são os problemas que podem ser verificados durante a comunicação. Quais podem, então, ser esses problemas?

A. "O problema pode estar na produção da mensagem. Não sabemos bem o que dizer, a quem dizê-lo ou quando."

B. "O problema está no modo como a mensagem a transmitir vem codificada. Se utilizo uma estrutura compreensível, uma linguagem simples ou de algum modo conhecida por meu interlocutor."

---

[22] Cf. JAKOBSON, R. *Saggi di linguistica generale*. Milano: Feltrinelli, 1966.

C. "O problema está na decodificação, que, por qualquer razão, é interrompida. Faltam informações ou conhecimentos? A linguagem de codificação não é bem compreendida? Há interferências (como, por exemplo, pessoas que têm interesse em perturbar a transmissão da mensagem)? Pode haver mal-entendidos? Existe a possibilidade de pedir que se repita ou reformule a mensagem apenas transmitida?"

D. "A transmissão chegou corretamente, mas não é aceita pelo receptor. Provavelmente, não é compatível com os seus modelos mentais e é automaticamente recusada (Quintavalle[23] fala de automensagem, em que o indivíduo ajunta estruturas interpretativas que podem ajudar na compreensão, mas também podem distorcer a mensagem original)."

E. "A resposta é preparada com base na mensagem recebida e percorre, inversamente, as operações de codificação, decodificação e recepção."[24]

Conscientes do surgimento de tais problemáticas, entre as precauções que um líder poderia seguir para produzir uma comunicação eficaz não podem ser ignoradas as metáforas e a chamada comunicação não-verbal.

No que respeita às metáforas, é sabido quanto essas expressões simbólicas, essas extensões figuradas, essas imagens trasladadas podem ser decisivas para uma compreensão correta. "Na comunicação, as metáforas têm um poder muito forte: permitem que os outros 'vejam' o que estamos dizendo, utilizando atores e cenários para nosso uso e consumo."[25]

---

[23] Cf. QUINTAVALLE, G. *La comunicazione intrapsichica*. Milano: Feltrinelli, 1978.

[24] NICO, P. *Convincimi! Pratiche de leadership per il miglioramento delle relzioni interpersonali*. Milano: Angeli, 2001. pp. 63-64.

[25] Id., ibid. p. 74.

Permanecendo no âmbito dos líderes religiosos, um excelso — mais que excelente — "mestre" da metáfora é, sem dúvida, Jesus. Os evangelhos o demonstram exaustivamente. As suas parábolas estão recheadas delas. Observa-se, a propósito, que a originalidade do ensinamento de Jesus está na conjugação espontânea de gesto e palavra, ação e discussão. Isso aparece de modo evidente exatamente através das metáforas, das semelhanças, das histórias e contos simbólicos chamados, precisamente, "parábolas".[26] A metáfora "representou" — e hoje em dia constitui — um meio extraordinário pelo qual Cristo anunciou a Boa-Nova: é sem dúvida uma daquelas "provas" que fazem do Filho de Deus o perfeito comunicador.[27]

No que diz respeito à comunicação não-verbal, no entanto, também ela é parte integrante e determinante de uma comunicação "visível". Não se comunica apenas por meio das palavras, mas também mediante o tom de voz, os olhares, os sorrisos, as piscadelas, os movimentos da cabeça e todas as outras expressões do corpo.

A sua importância é confirmada por uma pesquisa realizada nos Estados Unidos, a qual revela que 55% dos conteúdos de uma mensagem são enviados mediante os gestos e a mímica facial.[28]

Também o corpo "fala", possui uma linguagem específica sua: transmite significados, por exemplo, por meio dos gestos; exprime emoções, através do rosto, da voz, dos movimentos do corpo; envia informações sobre si; comunica as atitudes nos encontros

---

[26] POLI, G. F.; COMODO, V. *Percorsi di teologia*. Milano: Àncora, 2002. p. 473.

[27] Cf. *Communio et progressio*, n. 11.

[28] Cf. MEHRADIAN, A. *Non-Verbal Communication*. Chicago: Aldine, 1972.

com os outros, como amizade ou dominação, com a proximidade física, o olhar.[29]

Ademais, entre as linguagens mais comunicativas da comunicação não-verbal não se pode, absolutamente, esquecer o silêncio. A sua comunicabilidade é proverbial. Às vezes, é mais expressivo que a palavra, pois consegue enviar sinais que a própria palavra não poderia "traduzir" adequadamente. Em determinadas circunstâncias, o silêncio é, claramente, mais eloquente que a palavra.

Ao término desta visão panorâmica sobre as questões comunicativas delineadas, ressaltamos como é determinante que um líder observe as sutilezas expostas a fim de "exprimir" uma liderança eficaz que possa permitir que cumpra de maneira brilhante o seu mandato.

Conclusão

Para um líder, comunicar a liderança é um imperativo categórico. Sem ter conhecimento pleno do objeto dessa comunicação, é praticamente inverossímil que ele consiga conduzir com sucesso uma organização. A fim de estar em condições de motivar, de influenciar e de envolver, portanto, é fundamental que tenha bem claro o motivo "gerador" da mudança. Uma mudança que, como se viu, deve ser entendida como "condição" a comunicar à sua própria equipe, gerindo-a através da mesma comunicação. Eis por que uma das qualidades que um líder deve especialmente aperfeiçoar é a de saber ler o Novo. Baseado nessa leitura, deve esforçar-se a fim de "enviar" adequadamente os seus conteúdos para a organização, empregando os canais da comunicação.

---

[29] DOLORES, D. La comunicazione non verbale. In: ZANI, B.; SELLERI, P.; DOLORES, D. *La comunicazione*. Roma: NIS, 1994. p. 51.

Nessa atividade pode-se verificar uma série de problemáticas, para cuja solução é preciso o conhecimento do processo de comunicação e das principais dificuldades que estão alojadas no processo. Ciente de que o nexo *liderança-comunicação* é absolutamente vital para uma organização vencedora, um líder não pode deixar de ter uma consideração particular para com essa relação indissolúvel. Sobretudo num momento de metamorfoses culturais de interesse global.

4

Mudança on-line[1]

Vincenzo Comodo

Para comunicar a mudança nos dias de hoje, um líder não pode deixar de considerar a renovação sociocultural plenamente em curso. Uma renovação denotada pela aceleração do tempo e pelo encurtamento do espaço. Uma renovação de extensão global que, através das tecnologias informáticas e telemáticas, preparou novos cenários existenciais e descobriu um imenso continente virtual, a Internet.

Nela, o mundo real, com todas as suas formas, com todas as suas expressões, com todas as suas experiências, tende a reproduzir-se e refletir-se — em tudo e por tudo — neste imenso oceano digital. Obviamente, as organizações não ficam fora desta "realidade".

Tendo como objetivo a tal "reprodução", a abertura de novas áreas de socialização e de ulteriores canais de comunicação, as

---

[1] Esta reflexão se inspira, em grande parte, em dois artigos meus publicados na revista *Vita Consacrata*. Suas coordenadas bibliográficas são: COMODO, V. Consacr@ti on-line. *Vita Consacrata* 3 (2002) 305-318. Id. Consacr@ti on-line. La comunicazione interna in digitale. *Vita Consacrata* 4 (2002) 418-431.

oportunidades oferecidas pela Rede, um líder não pode ignorar esta irresistível manifestação do devir.

Dito isso—retomando a apresentação do capítulo precedente—, nesta contribuição se descreverá mais de perto a Internet, fazendo surgir as oportunidades que propõe às organizações, quer do ponto de vista comunicativo, quer no âmbito propriamente estratégico, restringindo a observação às organizações de vida consagrada.

Internet: uma definição de... partida

Dizer que a Internet é um meio de comunicação é uma afirmação justa, porém parcial. Referir-se exclusivamente à função mediática equivale a tratar redutivamente um extraordinário sistema tecnológico cujas potencialidades excepcionais são percebidas também no sentido da transportabilidade. De fato, não é por acaso que um usuário da Rede é chamado de navegador ou cibernauta, exatamente em virtude dessa possibilidade de movimento dentro do imenso cosmo eletrônico. Por conseguinte, a "definição" de Internet é enriquecida pela função veicular, razão por que, *em* e *por* essas condições, o conceito de meio aumenta o próprio alcance semântico, a tal ponto de "configurar" a Internet, seja como meio de comunicação, seja como meio de transporte.

Nela, é possível comunicar-se e deslocar-se numa fixidez dinâmica, ou seja, estar *realmente* firme, mas ser *virtualmente* móvel.

Apesar de ter sido assinalado esse ulterior traço de conotação, é preciso aduzir outras coordenadas de significado para completar a qualificação da Rede.

Antes de tudo, é fornecida a coordenada econômica. De fato, o território digital é um território "verdadeiro", no qual estão escondidas riquezas admiráveis. Portanto, em direção a essas riquezas se *move* uma imponente frota de investidores, *movida* seja para expandir os próprios "domínios" comerciais, seja para fundar "estados" inéditos da economia.

No entanto, dessa colonização do virtual "participam" também ilustres desconhecidos, que nos casos mais felizes se tornaram senhores da *new economy*.[2]

Essa tensão para o lucro é causa de uma irrefreável economização da *Web*, que, por força da comunicabilidade, da transportabilidade e das potencialidades tecnológicas do *meio*, gera a distribuição da oferta de serviços de todo gênero.

É importante, além disso, marcar uma peculiaridade relevante, sempre lembrada a este respeito: a Rede é considerada uma *área livre* [*free area*], não só em termos de acessibilidade, mas também de produtividade. Por isso, é evidenciado que não apenas todos podem ter acesso a ela, mas, sobretudo, que todos podem produzir de tudo nela.

Esta é *uma* das motivações principais da reprodução do mundo real no mundo virtual, ou seja, da transposição de toda experiência e de toda expressão vivida *aquém* do *monitor* no *além* da Rede.

Todavia, a existência, na Internet, não é entendida unicamente como projeção *artificial* da condição *natural* da humanidade, não é apenas considerada como um plano digital no qual o cotidiano "se reflete" em todas as suas dimensões, públicas e priva-

---

[2] Um exemplo sobre todos: o de Bill Gates, o homem mais rico do mundo, o *dono* da Microsoft, *líder* do universo informático. É presidente de um império econômico. Outro exemplo "mais recente" é o de Linus Torvald, ideador de um programa, o Linux, que entrou em competição com o famosíssimo Windows, produzido exatamente por Bill Gates. No começo da década de 1990, ideou para jogo esta ideia, que se revelou fonte de fama e de dinheiro.

das, coletivas e individuais, exteriores e interiores, espirituais e materiais. Com uma semelhante e banal "visão" hermenêutica, não seria possível explicar a mudança que se dá em todo o planeta. O impacto da Internet sobre os cenários contemporâneos pôs em movimento um irreversível processo de renovação da vida, inaugurando novos espaços e novas modalidades de interação, de produção e de consumo, colocando-se como lugar ilimitado de confluência multiétnica, de troca antropológica, mas também de competição cultural.[3]

Ora, com base nesses aspectos ulteriores do universo cibernético, é fácil definir a Internet *como um ambiente cultural* que *se torna* fenômeno global, animado pelo progresso tecnológico e dirigido por uma lógica econômica predominante.

Felizmente, essa última "razão" não tem um "seguimento" absoluto. De fato, nem todos utilizam a Rede como uma ocasião de lucro, pois a entendem como uma preferência universal pela qual exaltar os valores comuns da humanidade inteira.

Essa interpretação *humanitária*, porém, deve acertar as contas (paradoxalmente) com a interpretação *capitalista*. Mas para enfrentar esse conflito é indispensável, sobretudo, avaliar a *Web*, seja como *recurso* — isto é, como meio de elevação do ser humano —, seja como *perigo* — isto é, como instrumento de degeneração dos princípios sociais —, sobretudo.

As impetuosas pulsões econômicas, de fato, "investem" toda a Rede, provocando uma industrialização de *toda* forma cultural que há nela, inclusive a religião.

Tendo, pois, enquadrado a questão do sagrado no digital, é obrigatório observá-la *também* numa ótica de mercado, para

---

[3] COMODO, V.; POLI, G. F. *Cliccate e vi sarà @perto*. Cantalupa (TO): Effatà, 2002. p. 21.

melhor captar as diferenças substanciais e substanciosas entre o cristianismo e as religiões fabricadas pelo ser humano.

Em relação a isso, desmentidas as previsões sobre o "eclipse do sagrado"[4] e tendo em conta uma forte necessidade de transcendência, é absolutamente importante destacar que a Internet não apenas constitui um espaço no qual professar *uma* das tantas fés materiais, mas também é um lugar de autêntica produção e um circuito muito forte de distribuição das religiões mercantilizadas, quer dizer, de todas as combinações do sincretismo, dos cultos *faça você mesmo* e dos "credos" praticáveis mediante a aquisição de serviços espirituais.[5] Além disso, não é secundário ignorar que a Igreja Católica e seus brilhantes testemunhos de fé sofrem falsificações e alterações da imagem institucional e da identidade consagrada.

Se num semelhante panorama se encontram fenômenos inquietantes de corrupção moral (por exemplo: a pedofilia, o terrorismo, a pornografia etc.) e se destacam formas de exaltação corporal (por exemplo: as novas versões do efêmero e do hedonismo), a Internet, então, não pode deixar de constituir uma "nova fronteira da missão da Igreja".[6]

No entanto, seria redutivo motivar a presença da Igreja na Rede unicamente para refrear a divulgação de comportamentos que ofendem a vida e a dignidade do ser humano, e para enfrentar atitudes que negam ou induzem a não reconhecer a existência de Deus — em modalidades mais ou menos manifestas —, por duas razões principais: porque ela não pode interpretar um papel passivo; porque a Internet, enquanto *meio de comunicação social,*

---

[4] Cf. ACQUAVIVA, S. S. *L'eclissi del sacro*. Milano: Comunità, 1971.

[5] Cf. POLI, G. F.; COMODO, V. *Percorsi di teologia*. Milano: Àncora, 2001. pp. 71-85.

[6] Cf. *Christifidelis laici*, n. 44. PONTIFÍCIO Conselho da Cultura. *Para uma pastoral da cultura*, n. 9.

não é entendida apenas como produto do gênio humano, mas também como um grande dom de Deus e como sinal autêntico dos tempos.[7] Enquanto *meio de comunicação global*, permite alcançar todos os povos da terra e anunciar-lhes a Boa-Nova.

Diante dessa situação, portanto, os consagrados, na qualidade de proclamadores oficiais da Palavra de Deus, *não podem* ficar olhando e sofrendo a ação da cultura global, *mas devem* ser nela protagonistas, plantando e cultivando as sementes evangélicas também nos territórios digitais, levando em conta, ainda, que desta atividade de *evangelização* o Instituto ou a Congregação tirariam um enorme benefício na "ótica" da imagem.

Estar e ser na Rede

A Internet é um enorme redemoinho tecnológico que atrai para si qualquer expressão cultural. Exerce uma atração irresistível sobre todas as experiências e sobre todas as manifestações do ser humano. Este efeito deriva essencialmente da exigência de sentir-se parte do momento atual.

No entanto, *ter* uma identidade eletrônica na Rede não significa obrigatoriamente *ter* um fervor figurinista. O fato de *estar* na Internet nem sempre corresponde a *viver* nessa dimensão. De fato, no *ciberespaço* não basta simplesmente ocupar uma área para sentir-se atual; não basta ter construído um sítio [site] "próprio" para provar que é contemporâneo. Habitar na *Web* é uma condição necessária, mas não suficiente para atestar uma vitalidade cultural.

---

[7] Cf. *Inter mirifica*, n. 1. *Evangelii nuntiandi*, n. 45. *Redemptoris missio*, n. 37. PONTIFÍCIO Conselho das Comunicações Sociais. *Ética nas comunicações sociais*, n. 4.

Destas asserções é possível deduzir que a existência *real* na Rede não é entendida nos termos de *estar*, mas nos de *ser*. Ou melhor: às vezes, *estar* poderia declarar o anacronismo de uma cultura. Esta, de fato, se "traduzida" digitalmente apenas para uma finalidade consultiva e expositiva, selaria a própria superação histórica, acentuando por isso mesmo sua antiguidade. Existir na Rede não pode "ser" cartesianamente "pensado" como banal presença formal.

Para a Igreja, uma ideia semelhante seria insignificante e distorcida com respeito à sua razão evangélica: enfraqueceria o seu impulso salvífico e esfriaria o seu ardor comunitário. Estar no mundo digital não quer dizer atracar à Rede e lançar a âncora da evangelização, mas sim zarpar de novo e "atravessar" as imensas extensões cibernéticas para a continuação de um mandato de comunhão em vias de realização. Quer dizer acolher a exortação de olhar para a frente, de "fazer-se ao largo",[8] com um dinamismo novo e tantas iniciativas concretas.[9] Para viver realmente a própria experiência em Rede, a Igreja não pode tolerar insensivelmente a cultura global que nela jorra e corre, mas deve impregnar criticamente aquela mesma cultura e alimentá-la com a mensagem cristã,[10] não se limitando à "aparição" sugestiva, mas também simples, sob a forma de sítios [sites].

A definição descrita da *existência* na Internet foi estrategicamente ilustrada para indicar aos consagrados não apenas a importância de instalar-se no ciberespaço e de "construir" uma imagem telemática específica, mas, sobretudo, a necessidade de ir aí como missionários e aceitar, segundo as circunstâncias, ou o confronto, ou o desafio com a mesma cultura global. Foi

---

[8] Cf. Lc 5,4.

[9] Cf. *Novo millennio ineunte*, n. 15.

[10] Cf. *Redemptoris missio*, n. 37.

intencionalmente apresentada para indicar uma perspectiva dinâmica, convidando a não se sentir sintonizados com as frequências do devir e alinhados com os "endereços" da ultramodernidade comunicando-se elementarmente nas formas do sítio [site].

Infelizmente, são exatamente os sítios [sites] das congregações e dos institutos religiosos os mais fossilizados, na maioria mal cuidados, entregues a si mesmos nas águas digitais, necessitados de uma atualização salutar. Irmã Zukowski evidencia tal situação de esquecimento quantificando esse olvido não tanto em dias ou semanas, mas em meses ou mesmo em anos.[11] "Muitos desses sítios [sites] carecem de 'vida', exuberância, qualidade, interatividade, frescor, capacidade de renovação, com o que estimular a imaginação religiosa."[12]

Felizmente, existem distinções. De fato, "há" sítios [sites] de religiosos que estendem para a Rede a própria missão com um sucesso considerável, atestado por um crescente número de visitantes. Vejamos como.

Aplicações

De que maneira se pode proclamar o Evangelho na Rede? Quais são as aplicações a ativar para "transferir" a experiência dos religiosos na Internet? Que oportunidades encontramos para

---

[11]   Esta opinião foi expressa por Francesco Diani durante o congresso *www. chiesa in rete – Nuove tecnologie e pastorale*, que se realizou em Assis, 9-11 de março de 2000, e está contida no relatório intitulado *Radiografia virtual da comunidade eclesial na Itália*. O documento está disponível em: <http://www.siticattolici.it/convegnoassisi>.

[12]   Cf. ZUKOWSKI, A. A. Un nuovo senso del luogo per l'evangelizzazione: l'era virtuale e il Vangelo. In: Relatório *Radiografia virtual da comunidade eclesial na Itália*. Disponível em: <http://www.chiesacattolica.it>. A religiosa é professora no Center Religious Telecommunications da Universidade de Dayton, nos Estados Unidos.

iniciar uma caminhada missionária na autoestrada eletrônica? Quais são as fórmulas cibernéticas pelas quais "comunicar" a Igreja e convidar à conversão cristã?

São algumas perguntas às quais se dará resposta nesta seção analítica para praticamente orientar os consagrados a "propagar" o próprio apostolado na *Web*. É importante, porém, que os "testemunhos" mediáticos propostos sejam entendidos não tanto como modelos senão como exemplos. Isso para estimular a uma incessante pesquisa e a uma experimentação fundada de fórmulas comunicativas evangelicamente sempre mais fecundas, que se revelem mais eficazes e mais imediatas para o crescimento da fé e para a descoberta da verdade no "ícone" de Cristo.

Além disso, acentua-se que a atuação dos religiosos na Internet pode ser considerada e "aplicada" seja para fora, isto é, *num horizonte mais laical*, seja para dentro, isto é, *numa perspectiva comunicativa e carismática da família religiosa*. Procedamos, porém, com ordem.

Rumo a um horizonte laical

Passemos, pois, em revista as "aplicações" mais significativas da Internet neste "sentido". Antes de tudo, são citadas aquelas de fundo informativo, consultivo e expositivo. É o caso dos sítios [*sites*] institucionais, daqueles que oficialmente representam a Igreja na Rede. Dentre esses, *in primis* é indicado o da Santa Sé, que se pode acessar no endereço <http://www.vatican.va>, e depois, respectivamente, os restantes, como, por exemplo, o da Conferência Episcopal Italiana, cujo endereço é <http://www. chiesacattolica.it>. Na dimensão católica da Rede, tais sítios [sites] desempenham uma função *globalmente* cultural.

Prossigamos esta ilustração detendo-nos numa utilização mais interativa e mais envolvente, na qual se instaura entre consagrados e navegadores uma relação dialógica e, portanto, mais participativa.

Pela originalidade e vitalidade distinguem-se algumas ordens religiosas, e entre estas algumas comunidades.

De interesse notável é o sítio [site] <http://www.membri.nbci.com/susa/index.html>, gerido por uma pequena comunidade franciscana:

> Não só contém uma quantidade muito grande de material escrito e audiovisual inerente à vida e à pregação de são Francisco, mas também uma série de endereços de correio eletrônico aos quais os fiéis podem pedir informações detalhadas sobre a atividade do mosteiro ou conselhos pessoais.[13]

Uma demonstração sintomática da extensibilidade virtual dos ambientes sacros na Rede é constituída pelo sítio [site] <http://www.fratesole.sicily.it>. Ele tem sede no convento mais vasto do mundo — assim ele se define —, obviamente digital. É que Irmão Sol [*Frate Sole*] acolhe, com orações do padre Pio, propondo caminhos de fé (para neófitos e para iniciados), como num convento real. Não faltam imagens de claustros, leituras sagradas e um fórum para os debates e o testemunho de fé.[14]

Outra intuição emblemática é a de M. Aquinas Woodworth, um monge beneditino de Albuquerque (Novo México, Estados Unidos). Ele

---

[13] DOMANIN, I.; PORRO, S. *Il Web sia con voi*. Milano: Mondadori, 2001. pp. 38-39. N.E.: O sítio [site] foi citado na edição original italiana deste livro, que é de 2003. No entanto, não se tem acesso a ele hoje.

[14] CECI, C.; RESTELLI, M. Mi rifugio in convento virtuale. *Happy Web* 4 (2001) 24.

criou um sítio [site] na Rede para o seu mosteiro, *Cristo no deserto*, convencido de que a nova tecnologia da comunicação é um instrumento de importância crucial para a Igreja de hoje.[15] Uma breve visita ao sítio [site]* permite ver os monges cantando ou em seus pequenos trabalhos diários. Assim, conta-nos frei Aquinas, "se você está em Manhattan e quer ter um minuto de oração", pode fazê-lo junto com os monges. A intenção dele era fazer ver não só os monges, o mosteiro e o interior da capela, mas também as esplêndidas paisagens naturais dos cânions, para poder oferecer uma experiência espiritual mais plena.[16]

Eis o testemunho da irmã Zukowski a respeito:

Conversando com pessoas de religiões diferentes que encontraram uma presença espiritual especial no ciberespaço, ouvi falar da sensação de fazer parte de uma comunidade religiosa autêntica. Descobrimos que no ciberespaço há grupos religiosos que propõem visitas virtuais às suas igrejas/sítios [sites] religiosos, que oferecem serviços dominicais on-line (com transmissões ao vivo), serviços de oração cotidiana (sincrônicos e assincrônicos), locais de cura pastoral voltados às necessidades e interesses particulares, comunidades de fé para vários grupos de idade (jovens, pessoas de meia-idade e idosos), publicações da Igreja/paróquia e possibilidade de educação religiosa permanente para adultos.[17]

Com referência a esse panorama de vida consagrada vivida na Rede, a mesma religiosa relata que

a coisa mais intrigante [...] é o número de mosteiros e de comunidades enclausuradas que encontraram na Internet um terreno fértil não só para introduzir visitantes virtuais nas suas

---

[15]   Cf. *The Wall Street Journal*, 26 mar. 1999.

*   N.E.: < http://www.christdesert.org>.

[16]   ZUKOWSKI, A. A. Un nuovo senso del luogo..., cit.

[17]   Id., ibid.

comunidades (obra vocacional), mas também para cultivar e partilhar com os outros a sua tradição e as suas ideias religiosas (obra de evangelização).[18]

Poderiam ser acrescentados muitíssimos outros endereços referentes à função dialógica e ao apoio espiritual realizados pelos consagrados, mas, como síntese de tal formato comunicativo na versão cristã, pense-se nas irmãs de clausura que falam com quem quer que entre em contato com elas, nas centenas de sacerdotes on-line[19] que diariamente se dedicam a estender a mão da salvação a tantos *surfistas* da Rede sem destino existencial.

Na perspectiva comunicativa e carismática da família religiosa

A Rede há de ser avaliada também em relação às oportunidades oferecidas para a comunicação *dentro* das organizações de vida consagrada. Uma avaliação, porém, que não há de ser feita exclusivamente nos termos estritamente comunicativos, ou seja, captando a ampliação e as potencialidades das vias de comunicação e, com isso — eventualmente —, exaltando as suas características inovadoras, mas deve realizar-se tendo em consideração prioritária o valor cultural.

Em síntese: isso significa que, ao melhorar a comunicação interna de um Instituto, colocam-se as condições para uma elevação do nível de pertença comunitária, um aumento da sensibilidade perceptiva familiar, um revigoramento da coesão entre os membros. Tais fatores reforçam a identidade carismática.

---

[18] Ibid.

[19] Cf. VV. AA. *Chiesa in Rete. Internet:* risorsa o pericolo? Assisi (PG), Cittadella, 2000. p. 72.

Essa condição se revela determinante para viver *a* e *na* cultura global, para ser protagonistas *dela* e *nela*, para *ser* na Rede e não simplesmente para *estar* nela.

A globalidade da Internet, por ser universal, é competitiva. De fato, a confluência de cada cultura, por um lado, atesta uma hospitalidade absolutamente indiscriminada; por outro, porém, esta mesma disposição ao acolhimento dispara um mecanismo conflitual entre as mesmas expressões figurinistas. Essa situação de beligerância, não abertamente "declarada", é classificada como uma forma de darwinismo cultural, que tem na Rede um campo imenso de batalha, no qual a Igreja está comprometida, especificamente os institutos de vida consagrada.

Para não sair derrotado desta "guerra mundial" intercultural latente, não sofrer danos gravíssimos e, nos piores casos, irremediáveis, são necessárias uma extensão do mandato apostólico na Internet, uma formação com vistas à aprendizagem das linguagens informáticas e ao conhecimento da Rede e uma redefinição da *imagem* na forma digital.

Com base nessas três razões fundamentais é possível enfrentar o ciberespaço e os desafios inerentes a ele, seja para anunciar o Evangelho, seja para promover os carismas.

A propósito disso, antes de analisar mais de perto a dimensão de pesquisa sumariamente introduzida, anota-se a oportunidade de examinar, no contexto da Internet, o conceito de carisma na ótica da "transmissão" e da "confiança" em novas forças religiosas.

Isso pede a consideração da predominante juventude dos navegadores — pelo menos no momento atual — e da correspondente inovação das formas de comunicação adotadas. Mas pressupõe uma sensibilidade à cultura digital estimulável, sobretudo *dentro* do Instituto, para fazer com que a promoção do carisma seja seguida de uma lógica estratégica na preservação integral dos valores evangélicos. Trata-se, portanto, de lançar a mensagem vocacional servindo-se das novas tecnologias, obviamente codificando-a nas linguagens relativas, sem modificar o sentido original.

A Rede, portanto, enquanto explorada em grande parte por jovens *surfistas* e enquanto interativa, constitui um ambiente no qual favorecer, pescar novas vocações.[20] No entanto, sem abrir-se, *no* âmbito da *própria* família religiosa, a essas novas "vistas" e a essas possibilidades significativas, descarta-se, *a priori*, uma oportunidade eficaz para enfrentar a crise vocacional.

Todavia, dada a delicadeza da questão, mesmo continuando a seguir um delineamento *zipado*, é oportuno "inserir" ulteriores indicações culturais para "observar" com melhor clareza a perspectiva apenas tracejada.

O carisma no conflito intercultural no mundo digital

A importância de considerar o carisma, mas sobretudo de exaltá-lo no delicadíssimo momento histórico atual, se deduz da urgência de interpretar a revolução digital no curso da obrigatoriedade de aceitar, por parte dos institutos, os desafios lançados pela pós-modernidade.

É, pois, absolutamente importante estar preparados e prontos para enfrentá-los, é decisivo não se deixar surpreender pelos recentes movimentos da cultura de alcance universal. É uma questão vital.

---

[20] A este respeito se remete à experiência das *Irmãs da Misericórdia*. No seu sítio [site], além de explicar sua história e seu carisma, põem as possíveis e futuras noviças em contato com uma especialista em vocações, que as ajuda a entender se a vida consagrada é o modelo existencial a "seguir".

Levantada a questão, é preciso expô-la mais especificamente, "ligando" à mesma ilustração oportunas pistas críticas, para "bater" a fim de não ser "batido" *no* confronto e *nos* confrontos do momento contemporâneo.

Ao iniciar esta apresentação, faz-se notar imediatamente que o advento da Internet decretou o início de um conflito cultural que envolve todo o planeta. Ao se fazer semelhante afirmação, são repelidas prontamente eventuais acusações de apocalipticidade, isto é, de ser "trocados" como aliados daqueles que, no universo da comunicação de massa da comunicação digital, tendem a uma visão negativa.

Tal ideia "conflitual" é legitimada *pela* e *na* mesma revolucionariedade cultural: cada revolução faz as suas vítimas, assim como decreta os seus vencedores. É a expansão da Rede visto que constitui uma *área livre*, um "centro" de *encontro* de toda cultura, de todo costume, de toda expressão; portanto, revela-se um lugar de *choque* entre elas.

A causa dessa beligerância é "extraída" *do* domínio detido pela lógica econômica também na Internet. Isso não significa que não haja culturas, mais detalhadamente, culturas de Rede "pacifistas", mas também estas, para sobreviver, devem combater, aceitando as regras do conflito e empregando as mesmas armas comunicativas. Quer dizer: rebater os ataques dirigidos contra a imagem respondendo com uma imagem renovada (não diferente, mas fiel à original). Quer dizer: *entrar em* competição redefinindo o plano promocional dos valores. Quer dizer: "mover-se" criativa e estrategicamente para assinalar-se entre os milhares de propostas de comunicação na Rede e para distinguir-se na cultura global da Internet (o que não equivale a globalizar-se).

Portanto, a Internet é o principal teatro no qual se "representa" uma guerra mundial entre culturas. Uma guerra silenciosa, porém audível; sem derramamento de sangue, mas violenta; virtual, mas verdadeira; na qual o princípio do darwinismo, já aplicado no mundo animal e no social, agora é "celebrado" ainda mais no mundo cultural.[21]

Levando em conta, por isso, essa belicosidade cruel não tanto *da* Rede quanto *na* Rede, é preciso não ignorar que na globalidade dela desembocam inumeráveis culturas, além da católica e, como expoentes desta, também os institutos e as congregações.

Essas indicações foram propostas seja para lembrar que a Internet, enquanto espaço "universal", é território no qual a Igreja tem a dizer a "sua" Palavra proclamando-a nas linguagens da cibernética; seja para apoiar a ideia de que as famílias religiosas, ao promoverem os próprios carismas de fundação, se adaptam às "regras" do *ser* na Rede. Tal exigência é criada, portanto, pelo dever de prolongar o mandato apostólico no mundo digital, honrando e exaltando o carisma do Instituto também *em* e *por* essas vias.

Portanto, torna-se indispensável uma "tradução" operativa do próprio carisma no ciberespaço "seguindo" e "realizando" as técnicas, as ideias, as soluções comunicativas de matriz econômica, sem alterar as substâncias religiosas e as razões fundantes. Trata-se, pois, "apenas" de aplicar a fórmula mediática, mas inserindo os conteúdos próprios.

A comunicação numa modalidade economicamente experimentada, embora eficaz em termos de lucro, não comporta uma comercialização dos valores evangélicos promovidos nos vários carismas, porque a comunicação é de natureza social e não industrial, porque os valores se destinam ao bem-estar espiritual e não material, porque são de origem divina e não destinados

---

[21] COMODO, V.; POLI, G. F. *Cliccate e vi sarà @perto*, cit., pp. 118-125.

ao consumo. Além disso, não se há de excluir que outras ideias comunicativas não possam ser "criadas" *ex novo*, e não para objetivos explícitos do mercado.

Para estar em sintonia com o tempo "corrente" e inseridos nele, é *praticamente* essencial sentir a mudança em devir e aceitar o Novo, vivendo-o ativamente e não o sofrendo passivamente, respeitando as suas novidades, porém adaptando-as às próprias inclinações, mas, sobretudo, finalizando-o para a própria missão, interpretando-o na perspectiva estratégica da organização.

Bibliografia

ACQUAVIVA, S. S. *L'eclissi del sacro*. Milano: Comunità, 1971.

APPOLONI. *Tu, 13° apostolo. Modelli biblici per una spiritualità missionaria.* Leuman (TO): Elle Di Ci, 1998.

ARNOLD, W.; EYSENCH, H. J.; MELI, R. (a cura di). *Dizionario di psicologia.* Roma: Paoline, 1982.

ATHERTON, T. *Delegation and Coaching.* London: Kogan Page, 1999.

BASS, B. M.; AVOLIO, B. J. *La leadership transformazionale:* come migliora l'efficacia organizzativa. Milano: Guerini, 1996.

BECCIU, M.; COLASANTI A. R. *La leadership autorevole.* Roma: Nuova Italia Scientifica, 1997.

BENNIS, W. G.; NANUS, B. *Leader, anatomia della leadership effettiva.* Milano: Angeli, 1993.

BLANCHARD, K.; HERSEY, P. *Leadership situazionale.* Milano: Sperling & Kuppfer, 1984.

BODEGA, D. *Le forme de la leadership.* Milano: ETAS, 2002.

_____. *Organizzazione e cultura. Teoria e metodo della prospettiva culturale nell'organizzazione de azienda.* Milano: Guerini Studio, 1996.

BOFF, L. *Gesù Cristo liberatore.* Assisi (PG), Cittadella, 1973. [Ed. bras.: *Jesus Cristo libertador.* 18. ed. Petrópolis: Vozes, 2003]

BORGOGNI, L. *Valutazione e motivazione delle risorse umane nelle organizzazioni.* Milano: Angeli, 2000.

BRINER, B. *Gesù come manager.* Milano: Mondadori, 2002.

BRONDINO, G.; MARASCA, M. *La vita affettiva dei consacrati.* Fossano (CN): Editrice Esperienze, 2002.

BROUNSTEIN, M. *Como gestire i dipendenti difficili. Una guida pratica per i capi.* Milano: Angeli, 1997.

BRYSON, L. (Org.). *The Communication of Ideas.* New York: Harper, 1948.

BUBER, M. *Mosè.* Casale Monferrato (AL): Marietti, 1983.

BURREL, G.; MORGAN, G. *Sociological Paradigms and Organizational Analysis.* London: Heinemann, 1979.

CAMUFFO, A. *Management delle risorse umane.* Torino: Giappichelli, 1993.

CIAN, L. *La relazione d'aiuto.* Leumann (TO): Elle Di Ci, 1994.

CIOTTI, F.; RONCAGLIA, G. *Il mondo digitale.* Bari: Laterza, 2000.

CLARKE, J. I. *Manuale del leader.* Milano: Gribaudi, 2001.

COLASANTI, A. R.; MASTROMARINO, R. *Ascolto attivo.* Roma: Ifrep, 1994.

COMODO, V. Consacr@ti on-line. *Vita Consacrata* 3 (2002) 305-318.

_____. Consacr@ti on-line. La comunicazione interna in digitale. *Vita Consacrata* 4 (2002) 418-431.

_____; POLI, G. F. *Cliccate e vi sarà @perto.* Cantalupa (TO): Effatà, 2002.

CONGREGAÇÃO para os Institutos de Vida Consagrada e as Sociedades de Vida Apostólica. *A vida fraterna em comunidade.* São Paulo: Paulinas, 1994. (Coleção A Voz do Papa, n. 135).

_____. *Partir de Cristo.* São Paulo: Paulinas, 2005. (Coleção Documentos da Igreja, n. 9.)

CONLOW, R. *L'eccellenza nella supervisione. Le competenze essenziali per il capo oggi.* Milano: Angeli, 2002.

COOLEY, C. H. *L'organizzazione sociale.* Milano: Comunità, 1963.

COSTACURTA, B. *Abramo.* Vibo Valentia, Qualecultura, 2001.

CREA, G. Benessere comunitario e comunicazione. *Testimoni* 4 (2003) 10-13.

CREA, G. *I conflitti interpersonali nelle comunità e nei gruppi.* Bologna: Edizioni Dehoniane, 2001.

_____. *Stress e burnout negli operatori pastorali.* Bologna: Editrice Missionaria Italiana, 1994.

CUSINATO, M. *Psicologia delle relazioni familiari.* Bologna: Il Mulino, 1988.

DALL'OSTO, A. Cinque momenti importanti. *Testimoni* 5 (2003) 10-12.

DAMASCELLI, N. *Comunicazione e management.* Milano: Angeli, 1993.

DE MARTINO, E. *Sud e magia.* Milano: Feltrinelli, 1968.

DE NITTO, C. Responsabilità comunitarie e narcisismo nel processo di globalizzazione. *Psicologia, Psicoterapia e Salute* 8 (2002) 139-147.

DI PIERO, M.; RAMPAZZO, L. *Lo stress dell'insegnante.* Trento: Erikson, 2000.

DI RACO, A. *L'impresa simbolica. Attori e riti della comunicazione.* Milano: Sperlig & Kupfer, 1997.

_____; SANTORO, G. M. *Il manuale della comunicazione interna.* Milano: Guerini e Associati, 1996.

DOMANIN, I.; PORRO, S. *Il Web sia con voi.* Milano: Mondadori, 2001.

ECO, U. *Apocalittici e integrati.* Milano: Bompiani, 1964.

EDELMAN, R. J. *Conflitti interpersonali nel lavoro.* Trento: Erikson, 1996.

EILLERS, F.-J. *Comunicare nella comunità.* Leumann (TO): Elle Di Ci, 1997.

ETZIONI, A. *Sociologia dell'organizzazione.* Bologna: Il Mulino, 1967.

FERRAROTTI, F. *Manuale di sociologia.* Bari: Biblioteca Universale Laterza, 1988.

_____. *Tratatto di sociologia.* Torino: Utet, 1983.

FIELDER, F. E. *A Theory of Leadership Effectiveness.* New York: McGraw-Hill, 1967.

FORGAS, J. *Comportamento interpersonale. La psicologia dell'interazione sociale.* Roma: Armando Editore, 1989.

FRANCESCATO, D. *Stare meglio insieme.* Milano: Mondadori, 1995.

FRANTA, H. *Atteggiamenti dell'educatore*. Roma: LAS, 1988.

_____. *Relazioni sociali nella scuola. Promozione di un clima umano positivo*. Torino: SEI, 1985.

_____; SALONIA, G. *Comunicazione interpersonale*. Roma: LAS, 1986.

GADAMER, G. H. *Verità e metodo*. Milano: Fabbri, 1983.

GALLIMBERTI, U. *Dizionario di psicologia*. Torino: UTET, 1992.

GERGEN, K. J.; GERGEN, M. M. *Psicologia sociale*. Bologna: Il Mulino, 1990.

GIORDANI, B. *La donna nella vita religiosa*. Milano: Àncora, 1993.

_____. *La revelazione di aiuto*. Roma: La Scuola Editrice, 1978.

GOLEMAN, D.; BOYATZIS, E.; McKEE, A. *Essere leader*. Milano: Rozzoli, 2002.

_____; KAUFMAN, P.; MICHAEL, R. *Lo spirito creativo*. Milano: RCS, 1999.

GONZÁLEZ SILVA, S. *Star bene nella comunità*. Milano: Àncora, 2002.

GORDON, G.; CUMMINGS, W. *Managing Management Climate*. Lexington: Lexington Books, 1979.

GORDON, T. *Leader efficaci*. Mofetta (BA): Edizioni Meridiana, 1999.

GRANDORI, A. *Teorie dell'organizzazione*. Milano: Giuffrè, 1984.

GRUN, A.; SARTORIUS, G. *A onore del cielo come segno per la terra, la maturità umana nella vita religiosa*. Brescia: Queriniana, 1999.

GUSDORF, G. *Filosofia del linguaggio*. Roma: Città Nuova, 1970.

HABERMAS, J. *Il discorso filosofico della modernità*. Bari: Laterza, 1987.

HOLLANDER, E. P.; JULIAN, J. W. Studies in Leader Legitimacy, Influence, and Innovation. In: BERKOVITZ, L. (Ed.). *Advances in Experimental Social Psychology*, 5. New York: Academic Press, 1970.

HOMANS, G. C. *The Human Group*. New York: Harcourt Brace Javonovich, 1950.

HOUGH, M. *Abilità di counseling*. Trento: Erikson, 1999.

INTONTI, P. *L'arte dell'individual coaching*. Milano: Angeli, 2000.

JACOBSON, L. F.; ROSENTHAL, R. *Pigmalione in classe.* Milano: Angeli, 1992.

JAKOBSON, R. *Saggi di linguistica generale.* Milano: Feltrinelli, 1966.

JANIS, I. L.; MANN, L. *Decision Making. A Psychological Analysis of Conflict, Choice, and Commitment.* New York: The Free Press, 1977.

JOÃO PAULO II. *Vita consecrata.* São Paulo: Paulinas, 1996. (Coleção Voz do Papa, n. 147.)

KAZMIERSKI, C. R. *Giovanni il Battista profeta ed evangelista.* Cinisello Balsamo (MI): San Paolo, 1999.

KILIAN, R. *Il sacrifício di Isacco.* Brescia: Paidea, 1976.

KOTLER, P.; SCOTT, W. G. *Marketing Management.* Torino: Isedi, 1993.

KOTTER, J. P. *I leader chi sono:* come lavorano gli uomini che sanno cambiare le aziende. Milano: Il Sole 24 Ore, 1999.

_____. *Il fattore leadership.* Milano: Serpling & Kupfer, 1989.

_____. *The Leadership Factor.* New York: Free Press, 1988.

LEWIN, K.; LIPPITT, R.; WHITE, R. Patterns of Aggressive Behavior in Experimentally Created "Social Climates". *Journal of Social Psychology* 10 (1939) 271-299.

LICHERI, L. *Obbedienza, autorità e volontà di Dio. Dalla sottomissione alla responsabilità creativa.* Milano: Paoline, 1999.

LONG, K. *Empowerment.* Milano: McGraw-Hill Italia, 1996.

LOOS, W. *Coaching per manager.* Milano: Angeli, 1991.

MALIZIA, P. *La costruzione sociale dell'organizzazione. Natura e struttura delle organizzazioni complesse.* Milano: Guerini & Associati, 1998.

MANENTI, A. *Vivere insieme.* Bologna: Edizioni Dehoniane, 1991.

MARTINI, C. M. *Abramo nostro padre della fede.* Roma: Borla, 2000.

McGILL, M. E.; SLOCUM, J. W. *The Smarter Organization.* New York: John Wiley, 1994.

MEAD, G. H. *Mind, Self and Society.* Chicago: The University of Chicago Press, 1966.

MEHRABIAN, A. *Non-Verbal Communication.* Chicago: Aldine, 1972.

MELUCCI, A. (a cura di). *Fine della modernità?* Milano: Guerini & Associati, 1998.

MESTERS, C. *Abramo e Sara.* Assisi (PG): Cittadella, 1984. [Ed. bras.: *Abraão e Sara.* Petrópolis, Vozes, original brasileiro. 1978.]

MONGARDINI, C.; MANISCALCO, M. (a cura di). *Moderno e postmoderno.* Roma: Bulzoni, 1989.

MUCCHIELLI, R. *Apprendere il counseling.* Trento: Erikson, 1987.

_____. *Come condurre le riunioni.* Leumann (TO): Elle Di Ci, 1986.

_____. *Communication et réseaux de communication.* Paris: Librairies Techniques, 1971.

_____. *La dinamica di gruppo.* Leumann (TO): Elle Di Ci, 1980.

MYERS, E.; MYERS, M. T. *Les bases de la communication humaine.* Montréal: Chenelière, 1990.

NICO, P. *Convincimi! Pratiche di leadership per il miglioramento delle relazioni interpersonali.* Milano: Angeli, 2002.

_____. *Uma squadra con la voglia di vincere.* Milano: Angeli, 2002.

NOUWEN H. J. M. *Nel nome di Gesù. Riflessioni sulla leadership cristiana.* Brescia: Queriniana, 1990.

PANIMOLLE, S. (a cura di). *La fede nella Bibbia.* Roma: Borla, 1998.

PEARLS, F. *L'approccio della Gestalt.* Roma: Astrolabio, 1977.

PERRONE, V. *Le strutture organizzative d'impresa.* Milano: EGEA, 1990.

PINKUS, L. *Autorealizzazione e disadattamento nella vita religiosa.* Roma: Borla, 1991.

POKRAS, S. *Come affrontare e risolvere i vostri problemi. Metodi razionali per l'analisi sistematica dei problemi e l'assunzione di dicisioni.* Milano: Angeli, 2001.

POLI, G. F. *Osare la svolta. Collaborazione tra religiosi e laici al servizio del Regno.* Milano: Àncora, 2000.

_____; COMODO, V. *Percorsi di teologia.* Milano: Àncora, 2001.

_____; CREA, G.; COMODO, V. *La sfida dell'organizzazione nelle comunità religiose.* Roma: Rogate, 2003.

BIBLIOGRAFIA

POLI, G. F.; CREA, G; COMODO, V. *Stili di leadership e vita consacrata*. Roma: Rogate, 2003.

POPPI, A. *L'inizio del Vangelo. Predicazione del Batttista, battesimo e tentazione di Gesù*. Pádua: Messaggero, 1976.

PRONZATO, A. *Tu hai solo parole... Incontri con Gesù nei vangeli*. Milano: Gribaudi, 1993.

QUAGLINO, G. P. (a cura di). *Leadership. Nuovi profili di leader per nuovi scenari organizzativi*. Milano: Raffaelo Cortina, 1999.

QUINTAVALLE, G. *La comunicazione intrapsichica*. Milano: Feltrinelli, 1978.

RULLA, L. *Psicologia del profondo e vocazione*. Torino: Le Istituzioni Marietti, 1976.

SANTORO, G. M. *La farfalla e l'uragano*. Milano: Guerini & Associati, 1993.

SCHEIN EDGAR, H. *Organizational Culture and Leadership*. San Francisco: Jossey-Bass, 1985.

SCHIETROMA, S.; MASTROMARINO, R. Teorie e ricerche sulla leadership. *Psicologia, Psicoterapia e Salute* 7 (2001) 367-399.

SCILLIGO, P. *Dinamica di gruppo*. Torino: SEI, 1973.

_____. *Gruppi di incontro*. Roma: Ifrep, 1992.

SEGRE, A. *Mosè, nostro maestro*. Fossano (CN): Esperienze, 1975.

SHANNON, C. E.; WEAVER, W. *The Mathematical Theory of Communication*. Urbana-Champaign (IL): University of Illinois Press, 1949.

SICARI, A. *Chiamati per nome. La vocazione nella Scrittura*. Milano: Jaca Book, 1979.

SMELSER, N. *Manuale di sociologia*. Bologna: Il Mulino, 1987.

STATERA, G. *Metodologia e tecniche della ricerca sociale*. Palermo: Palumbo, 1989.

TACCONI, G. *Alla ricerca di nuove identità*. Leumann (TO): Elle Di Ci, 2001.

TENTORI, T. (a cura di). *Antropologia delle società complesse*. Roma: Armando Editore, 1990.

TETTAMANZI, D. *Giovanni il Battista. L'uomo dell'annuncio, della conversione e della testimonianza*. Casale Monferrato (AL): Portalupi, 2000.

THOMPSON, J. D. *Organizations in Action*. New York: McGraw-Hill, 1967.

TICHY, N. M.; DEVANNA, M. A. *Il leader trasformazionale*. Padova: Cedam, 1989.

TRENTINI, G. *Oltre il potere. Discorso sulla leadership*. Milano: Angeli, 1997.

VV. AA. *Chiesa in Rete. Internet:* risorsa o pericolo? Assisi (PG): Cittadella, 2000.

VV. AA. *Gaining Control of the Corporate Culture*. San Francisco: Jossey-Bass, 1985.

VV. AA. *Manuale di organizzazione*. Milano: Isedi, 1983.

VANZAN, P.; VOLPI F. (a cura di). *Oltre la porta. I consacrati e le emergenze del nuovo millennio*. Roma: Il Calamo, 2002.

VOGELS, W. *Mosè dai molteplici volti*. Roma: Borla, 1999.

WATZLAWICK, P.; BEAVIN, H. J.; JACKSON, D. D. *Pragmatica della comunicazione*. Roma: Astrolabio, 1971.

ZANI, B.; SELLERI, P.; DOLORES, D. *La comunicazione*. Roma: NIS, 1994.

ZINGALE, S. *Nicodemo. Rinascere dallo Spirito*. Roma: Rogate, 2001.

Impresso na gráfica da
Pia Sociedade Filhas de São Paulo
Via Raposo Tavares, km 19,145
05577-300 - São Paulo, SP - Brasil - 2009